三味数学

——"生本作业"让学习真实发生

周中亮◎著

东北师范大学出版社

长春

图书在版编目（CIP）数据

三味数学："生本作业"让学习真实发生 / 周中亮
著. —长春：东北师范大学出版社，2020.12
ISBN 978-7-5681-7322-3

Ⅰ.①三… Ⅱ.①周… Ⅲ.①小学数学课—教学研究
Ⅳ.①G623.502

中国版本图书馆CIP数据核字（2020）第258666号

□责任编辑：石　斌　　　　　□封面设计：言之凿
□责任校对：刘彦妮　张小娅　　□责任印制：许　冰

东北师范大学出版社出版发行
长春净月经济开发区金宝街118号（邮政编码：130117）
电话：0431-84568115
网址：http://www.nenup.com
北京言之凿文化发展有限公司设计部制版
北京政采印刷服务有限公司印装
北京市中关村科技园区通州园金桥科技产业基地环科中路17号（邮编：101102）
2022年6月第1版　2022年6月第1次印刷
幅面尺寸：170mm×240mm　印张：14　字数：224千

定价：48.00元

世人对课后作业是非常熟悉的，但又好像是非常陌生的，甚至是莫名其妙的。熟悉是因为它无处不在，陌生是因为不知其存在的合理方式是什么，莫名其妙是因为它经常以非常荒诞的方式存在。从教育的本质来看，课后作业的主要功能是促使学习者预习、巩固、拓展、提升、深化、系统反思和优化所学知识，并发展相应能力。合理利用课后作业，对学习者来讲，是非常有必要的；同时，对于教育者来讲，设计和布置作业，不仅是反映教育者专业素养的重要评价指标，也是促使教师专业素养提升的重要途径；对于整个教育系统而言，对作业的合理预期和整体协同程度，也是构建良好教育生态的要求和体现，是教育现代化的重要观测指标。

　　当前，对作业合理性的确定，更多的是基于艾宾浩斯遗忘曲线规律提出来的：遗忘在学习之后立即开始，而且遗忘的进程并不是均匀的，最初遗忘速度很快，以后逐渐缓慢，学习者需要在学习之后不断对先前学习的内容进行复习，才能获得良好的学习效果。人类的这一记忆规律本身并没有什么问题，问题是这一规律被曲解和演化成教学中的一条最有效规律：受教师专业素养、教育评价方式、家长教育观念和社会心理预期等一系列复杂因素的影响，学习行为被狭窄化为学科知识的记忆性学习，教育被异化为对知识学习效率的无限增压，致使这一人类记忆规律在教育教学中被无限放大，甚至超过了教育教学其他的规律。

　　从更为广阔的行为训练的视角来看，课后作业已经超出了对学习和教育本质的理解范畴，即课后作业已不仅仅是提高学生学业成绩的训练方式，而是已经演变成了一种训练学习者的行为规则，成为教育者一种自觉和无法摆脱的行为习惯或者行业符号。课后作业布置的方式、类型、评价和目的在很大程度上与教育者对学习者的管制结合起来，学习者也逐渐在适应的过程中，用课后作业完成的规则标记了自己的生存方式、生命色彩以及成长历程；教育者则在其中迷失了教育方向，甚至演变成一种对教育的冷漠和逃避，失去了对教育的深度反思和解放精神。

过重的课后作业负担源于独特的教育生态环境，那么给课后作业以合理定位也需要新的教育生态环境；或者说，需要对课后作业的功能、目的、类型、方式以及运用去向进行现代化的重新认识，这是中国教育生态优化构建的观测点、支撑点、改革点和推动点。周中亮老师长期耕耘于教育一线，他坚持教育现代化的站位高度，运用了教育生态学的思维方式，从学生全面发展的角度出发，与自己所从事的数学学科教学结合起来，对课后作业的表现形式、现存问题和改革方向都进行了长时间的理性思考和实践探索，为深度推进基础教育改革提供了现实样板和宝贵的实践经验。尤为可贵的是，他不拘泥于课后作业的形式性问题，充分挖掘数学学科的育人功能，提出了有情趣味、有生活味和有文化味的"三味数学"的教学理念，现实问题感强，学科教育把握方向准，育人层次感分明，实现了课后作业改革与数学教育改革的有效融合，为基础教育教学改革、基础教育教研改进和教师专业发展树立了榜样。

我与周中亮老师相识缘于学校文化建设，他善于学习，喜欢思考，对教育有着独特的理解和深厚的情怀，对学校发展、学生成长和家长预期都倾注了莫大的教育热情和激情，上级教育行政部门、学校领导和同行对其专业成长也给予了大力支持和帮助，相处之人对周老师都持有极大的认可度。从某种程度上来讲，他的专业发展和该著作的出版都是区域良好教育生态构建的结果。在该著作付梓之际，有幸先睹为快，其中虽然还存有某些需要改进的地方，但瑕不掩瑜，对于一名青年教师而言，这也是极为不易的。是为序，以示祝贺和祝愿！

薄存旭

2020年10月6日于泉城济南

让学习真实发生

教师天天布置作业，家长天天催促作业，学生天天做作业，作业是我们教师、家长、学生所熟知的。但所熟知的往往也是容易被忽略的。

说起作业，可以说是一个老生常谈的话题，也是一个常说常新的话题。这也许源于它不仅是教学的重要组成部分，还是多少年来"减负"绕不过去的事情。我想究其原因有三点：一是教师、家长、学校管理者思想上过度依赖作业本身的重要性及其功能的发挥；二是从情感意愿上作业成了学生的一种负担，"处于被动地位的师本教育体系中"，教师没有真正调动起学生学习的积极性；三是顶层设计上教师缺少作业的课程意识，没有把学生纳入作业课程设计中来。因此，我们非常有必要对作业进行重新认知，重新审视，重新定位。

就数学学科而言，我能深刻地体会到周围师生对数学作业的"爱"与"恨"。那种爱不起来，恨又丛生的矛盾之感像是哑巴吃黄连——有苦难言。日常的数学作业因其所谓的学科特点，更倾向于以计算训练为主，对学生而言可谓是枯燥无味。

郭思乐教授在《教育走向生本》一书中强调"把发挥学生的积极性作为当前解决教育问题的最有效和最重要的策略"。怎样把数学作业变得有趣，怎样通过数学作业来调动学生的积极性，是我一直思考的问题。我们可以试想一下，如果把一件原来让学生厌烦的事情变成一件让其感兴趣且爱做的事情，那是不是就有可能让学生的学习真实地发生。

毕竟"整个教学的目的和教学过程的终端是学生的主动发展"。我带着这个问题去思考，去实践，终于发现了为学生而设计的作业，以生命为本的作业，也就是生本作业。

生本作业既是一种方式，又是一种理念。换句话说，生本作业就是学生在老师的组织引导下的自主作业学习与探究。生本的作业教学不是本本的，也不是师本的，更不同于短期的作业教学行为，不是应付考试的作业，而是注重学生发展的作业教学行为。

生本作业指向以生为本作业的有效性。所谓作业的有效性是指能有效地达到教学的预期目标，调动学生参与作业活动的全过程，促进学生的进步和发展，具体表现为学生的智力、技能和情感都能得到发展，从而提高学生素养。要想发挥作业的有效性作用，就必须调动学生参与作业活动的全过程。

借用郭思乐教授的话说，"我们原本不应轻言体系"，但是当我们面对怎样让学生爱上数学作业，怎样发挥学生在作业中的主观能动性，怎样落实以生为本的理念，怎样把小学数学四个领域的内容以作业方式进行整体设计与思考，怎样按照生本作业的原则以数学作业案例的形式呈现，怎样归纳总结小学数学生本作业的类型范式，怎样探索小学数学作业评价策略等一系列问题的时候，"我们就不得不把它勾画出来"。我们所做的这些的出发点和落脚点就是让学生的学习真实地发生，让学生因作业而精彩。

"通过小学数学的学习，让人人在数学上都得到发展，让不同的人在数学上得到不同的发展。"鉴于此，我们将改革作业内容，让数学作业目标更多元化，真正达到为培养学生实践能力和创新意识而服务的目的。

通过实践研究我们发现，学生对数学作业的态度转变了，兴趣更浓了。我们也试图构建数学作业课程，树立"大数学作业"意识，将数学生本作业融入数学课堂教学，以数学生本作业为主线实现生本课堂的构建，让学生的学习真实地发生。

本书主要试图呈现小学数学生本作业体系的构建，对数学生本作业的提出、设计、实施、案例、结论等做了阐述。成书体例采取了课题架构方式。为了增强可读性，避免阅读枯燥，行文和课题表述有所区别，语言趋向活泼。其目的是给一线教师、教研员呈现一个研究案例和参考，同时尝试梳理一些做法和观点。

从教二十多年来，我一直追求有情趣味的数学、有生活味的数学、有文化味的数学，即三味数学。通过数学生本作业实现数学作业生本化，让学生觉得数学好玩，让学生在玩中培养情趣，从而让学习真实发生。通过数学生活课堂实现数学教学生活化，让学生感到数学有用，让学生在课堂中体会生活味，从而让教学精彩生成。通过数学生态教育实现数学教育的生态化，让学生在数学教育中感受文化味，从而让学生个性化成长。因此，本书还想试图表达一种感受，那就是有情趣味的数学。数学作业有情趣味，可避免学生产生不合理的心理负担，使学生产生学习欲望，从而达到"减负"的目的。

赵小雅在《中国教育报》2014年暑期特刊作业主题的编后语中讲道："在新课程视野下，如何将作业与课堂教学的内在变革联系起来，从学生学习的全过程来重新认识作业，赋予作业更加灵活的形式，更加丰富的内涵，还作业本来的意义，从而真正除去传统视域下作业所背负的'恶名'？探讨仅仅是开始，还有很长的路要走。"

我们想坚定地在这条路上走下去，不仅仅是为了探讨，更是为了解决，哪怕只是解决一点点，我们也会为之去努力！

周中亮

2020年10月2日于卧龙嘉园

目录
CONTENTS

第一章

数学生本作业的提出

　　"'生本教育'是郭思乐教授创立的一种教育思想和教学方式，它是为学生好学而设计的教育，也是以生命为本的教育。它既是一种方式，更是一种理念。"这种理念应该落实到教育教学的各个环节之中。作业是教学的重要组成部分。当下，学生却对数学作业爱不起来，数学作业的"师本"问题尤为突出。怎样解决这一现实问题？这里的"生本作业"就是为解决这一问题而提出的。它将是对生本教育的深度解读和诠释。本章将从背景与现状、意义与价值、目标与思路、假设与创新四个层面来进行阐述。

第一节　背景与现状

历经几十年，几十道"减负令"，学生的心理负担和作业负担都有一定程度的减轻，但是，因学生课业负担而导致学生发生的一些问题却不断见诸报端。前期，媒体报道"一学生因课业负担过重猝死"的新闻，闹得沸沸扬扬。《浙江省中小学生减负工作实施方案（征求意见稿）》公开征求意见，公布了40条减负方案，其中拟规定小学生晚9点、初中生晚10点可经家长确认拒绝完成剩余作业，成为一时人们热议的话题。《中国教育报》《教书育人》等各大媒体报刊也为此专题讨论。学生课业负担过重可以说仍然是困扰教育的一大难题。"书包最重的人是我，作业最多的人是我，每天起得最早、睡得最晚的人，是我是我还是我。"虽然课业负担不单指作业，但是作业在课业负担方面有着举足轻重的地位。

一、问题提出的现实背景

随着新一轮课程改革的不断深入，可以说大部分教师都比较重视课堂教学的创新与改革，无论是观念还是教学形式都发生了较大变化。可是，对如何设计新理念下的数学作业来发展学生智力，提高学生数学素养，人们关注得并不多。目前，还有相当一部分数学教师依旧布置形式单一、应用意识不强的练习题目。更有甚者，有的应用题就是机械地模仿。这样一来，学生还是停留在以练为主的重复式、机械式的数学作业模式中。可以说这些以计算题和应用题为主的习题几乎没有开放性可言，更不能全方面评价学生对知识的理解和把握程度，不能真正做到体现它的实践和应用的价值，所以学生也关注不到数学问题的实际背景，更不可能通过数学化的思维来解决实际问题。可以说，很多数学作业无论是内容还是形式等均缺少生本方面的因素。

小学数学作业在整个小学数学教学中可以说是学生进行数学有效学习

的非常基本的活动形式之一。比如，数学基本知识、概念、数学方法与技能，以及培养学生逻辑思维和创新意识等，均需要通过数学有效作业这一基本活动来完成。

新课程标准强调，教学应该通过设计真实、复杂和具有挑战性的学习环境或问题情境，诱发、驱动并支撑学习者探索、思考与问题解决的积极的学习活动，帮助学习者成为学习活动的主体。数学作业的作用在于让学生巩固学习效果，检查学习效果，加深对数学知识的理解，培养思维能力，并且也有助于教师和学生之间进行教和学的了解和沟通。但目前的数学作业状况令人担忧，重复作业、机械作业和大容量作业等普遍存在。单一的作业形式、枯燥的作业内容、大比例的作业容量，不仅增加了学生的学习负担，而且磨灭了学生对数学的学习兴趣。

数学教师安排和设计数学作业一般布置课后题或教辅材料上的题，再就是发张数学试卷。这些数学作业极大地限制了学生的视野，制约了学生思维的发展，影响了学生整体素质的提高。同时教师批改数学作业方法单一、检查作业敷衍、反馈数学作业不及时，也影响了数学作业所应起到的作用。种种弊端严重影响了学生学习数学的质量。因此，改革数学作业的内容、形式和批改等势在必行。在设计数学作业时如何把握好质和量的关系，如何让学生变被动做作业为主动做作业，如何有效地进行作业批改、检查和反馈，已不仅仅是教师要努力做的事情，也是学生的迫切愿望。

1. 令人担忧的课业负担调查情况

课题研究之前，我们也做了大量的前测工作。据调查统计，大约20%的学生表示讨厌写数学作业，因而经常完不成数学作业；60%的学生是在敷衍数学作业，因而数学作业出错率极高；只有20%的优秀生能认真完成作业。而教师方面，布置数学作业主要是为了考试，或者让学生有事情可干。

与此同时，分别从不同学校三至五年级学生中随机抽取200人，专门就小学数学课程的难度和学生课业负担情况进行问卷调查得到：认为"数学家庭作业负担较重"的占55%，认为"数学家庭作业形式基本不变"的占83.5%，从数学作业总量来看希望大幅度减少作业量的占到了68%，"教师是否根据你们的不同能力来布置数学作业"选"不是"的占86.5%，有87%的学生认为"数学作业大部分内容都是书本上现成的"，"做数学家庭作业时，遇到困难怎么办？"有72.5%的学生选"随便应付完成"或"不做"，老师亲自检查、批阅、评比数学家庭作业的才占5%。从这一调查的数据也可以看出学生的课业负担过重的原因。

2."教师一厢情愿或说了算"的作业太多

小学数学教师承认自己的本位意识和功利思想，也觉得忽视了数学作业人文方面的因素。他们一直把数学作业作为提高考试成绩的重要"法宝"之一，把它当作巩固课堂知识的重要手段，把提高教育质量的希望寄托在大量布置作业、实行题海战术上。

教师布置作业从自己的意志出发，布置什么样的作业教师说了算，这也是自古以来赋予教师应有的"权力"。可是，正因如此才忽略了学生的心理特点、认知结构及个性发展的需要。久而久之，关注不到学生的兴趣、爱好等情感方面，导致学生产生厌学情绪，弃学现象也随之而发生，还严重地损害了学生的身心健康。

平时，学校各科教师怕学生考不好，家长埋怨，影响考核，不断给学生加压，布置各科作业。可以说，大部分教师把课间10分钟时间、上午大课间活动时间、中午托管及午休用餐时间、下午课外活动时间全部用于书面作业。不是语文老师布置书面作业就是数学老师布置书面作业，不是数学老师布置书面作业，就是英语老师布置书面作业。更有甚者，道德与法治、科学、音乐、体育、美术等学科也布置一些书面作业。

尤其是在期中、期末阶段，各科的作业量会比平时多几倍。在上级严禁推销购买教辅的背景下，教师通过手机拍作业题发微信群、学生抄模拟试卷题、复印模拟试卷、家长抄写试卷等方式让学生反复强化训练。这种情况，更多地会演变为购买教辅，最终会导致一生一册的局面，变相地增加了学生学习的负担。

各科教师布置作业心态也是很矛盾的：如果布置少了，家长不愿意；如果布置多了，孩子也不愿意。但是，教师布置作业是一件天经地义的事情，也只有布置了作业，教师才会觉得对得起学生，对得起家长，才会让自己觉得"心安"！比如，有的教师说："布置作业，让孩子有事情干，不闲着，才是学习。"有的教师说："看着四五种数学练习册不做，心里也着急。让学生去做了，心里就觉得踏实了。"有的教师说："数学就是多练，多做题，每天不做题，那怎么能考好？"

这种"只有布置了作业，教师才'心安'"的思想和状况，实际对提高学生学习积极性是不利的。疲于应付作业布置，疏于对作业的落实与检查。长此以往，学生就成了单纯地为了做作业而做作业。也就是仅限于完成而已，根本不能保证质量，更不用谈良好作业习惯的养成了，也更谈不上良好思维品质的形成了；所谓真正意义上的学习也就无从发生了。

3. 存在焦虑与寄予期望

近年来，有些家长致电12345热线反映作业量少的问题。为了孩子的成绩，家长们总觉得学校老师没给孩子多布置些作业就是对孩子们学习抓得不紧、管得不严。

基于这种现状，老师为了满足家长对给孩子布置作业的需求，不停地给孩子布置各种作业。这样一来，其主要目的和指向就发生了偏颇。像这样的作业更多的是满足家长的心理需求，安抚家长情绪，不再让家长因孩子在家无事可做而焦虑。

尤其是进入期末，家长更是跟着焦虑起来，担心孩子考试考不好。家长也亲自给孩子买各种综合训练的资料，让孩子没日没夜地做习题。家长认为这样做了，心里就踏实了。

下面描述的这几个场景镜头，相信大家也不会陌生。

晚上11点了，语文、数学和英语作业才做了2科，还有抄写生字N遍没做。

在去学校的途中，一位小学生为了能够在到学校前把老师布置的作业完成，坐在电动车上看书勾画好词好句。

周末本该是孩子们休息的假期，家长却给孩子报了2~3个特长班或者辅导班。孩子还想玩会儿，心里总是想把作业留到晚上写。

一位感冒发烧的小学生在医院输液大厅边输液边写作业。

一位学生因完不成作业害怕老师惩罚，半夜起来，自言自语："我的作业做完了。"

晚上8点多，甚至到9点，一批小学生正在"晚托班"的老师监管下做作业。家长在门外等候几个小时。

"作业量大，用眼过度；姿势不正确，不注意用眼卫生"，是近年来中小学生视力问题逐年加重的首要原因。到五年级时，就有许多学生戴上了近视镜。面色不佳、肥胖、近视、不快乐，这似乎成了大多数学生的标签。

这一切，一个重要的原因就是家长"不让孩子输在起跑线上"的思想在作怪，不甘愿让孩子平庸，也不想承认孩子平庸。

久而久之，家长就会把布置大量作业作为老师认真负责的标准来对老师进行评判。比如平时有的家长就这样评价老师："老师每天下午布置很多作业，孩子有事干。这样的老师抓得严，出成绩。"这样的家长都愿意把自己的孩子送到这样的老师的班里。家长因此也感到非常放心。

其实，对于作业超量的问题概括起来主要有以下几个原因：一是学生的个体差异。随着年级增高，数学知识难度增加，抽象思维含量增加，一些学生在数学学习上遇到了困难，甚至对所学数学的基本内容也没有掌握。还有一些是因为学习习惯不好，动作较慢，必然耗时较长。二是各学科教师之间缺少协调。据调查，学生完成个别教师单门学科布置的作业就要超过1小时，加上其他学科，个别学生做作业的时间甚至达到3~4小时。三是教师布置了本身耗时的任务。除了语文、道德与法治、科学学科中布置一些背诵的作业之外，一些学生谈道，数学学科也布置了一些诸如读、背数学公式、运算法则等相当费时的作业。四是家长对学生的期望过高。不少家长额外给孩子增加任务，老是觉得孩子一刻不"学习"就会落后。比如，一次一个学生数学考试考了98分，家长还想下次让学生考满分。再如，一个班在一次考试中数学科有20多个考满分的，自己的孩子数学考了99分，便认为自己的孩子在数学上是落后的。这样一来，即便老师布置的数学作业做完了，家长还会加量，布置一些家长认为需要训练的数学题目，于是学生还不如慢慢做，能拖则拖。

4. 平时做数学作业不是真正意义上的"学习"

有的家长认为，孩子天天回家做数学作业，孩子的数学成绩就好。其实这种认识是错误的。对于数学学科而言，适当的练习是必要的，而一味地强调数学习题练习是错误的。这样不仅影响学生对数学学习的兴趣，而且更容易固化学生的思维，影响学生良好数学思维品质和关键能力的形成。

长此以往，学生在大量作业中度过自己的课余时间，用抄写大量的作业来代替自己的课余生活。这种用作业来代替学习的方式经过前几年的小学生活已经成为习惯了。久而久之，对学生产生一种影响，让他们认为，没有作业就不用学习了。错把做作业认为是学习的全部。

在家长心中存在"把做作业当'学习'"的这种情况，是一种很普遍的现象。每个晚上，学生睡觉之前家长都会追问一句"作业做完了吗？"把完成作业当成学生学习结束的重要标志。然而正是这种错误的认识和做法导致学生不能自主地去学习，学生成了"被动的学习消费者"。这种思想倾向在小学六年的学习生活中一旦形成是一件很可怕的事情。比如，某一个星期的周六、周日不布置数学作业，学生认为就不用学习数学。当学生认为数学作业等于数学学习的时候，就说明学生的主动性已经丧失了。

其实，这种普遍的做法和观点无形中把作业的功能无限放大了。当对做作业寄予过多任务，并附加过多情绪的时候，作业已不是"作业"了。

当学生对学习的理解片面的时候，无论是方向上，还是方法上，都会误入歧途。比如，一个四年级学生，每天下午回家以后按时写数学作业。他只管写完，至于字的好坏，写的效果，从不在意。当家长问其数学作业完成情况时，回应就是一句话：写完了。家长拿过数学作业一看：写得密密麻麻，竖式计算歪歪扭扭，没有一点美感。问其原因，学生回答的一句话也很符合实际："每天下午作业布置那么多，我要是一笔一画地写，什么时候才能写完？"其实这一现象很让人痛心。我的儿子在读五年级时也这么和我说。

目前学校里学生的书写普遍存在这样一种现象：年级越高，字写得越差！这一点必须引起学校和教育主管部门的重视。一个重要的原因是作业量逐年加大。

看了下面摘录的一段学生描写老师布置作业的情境，也许我们会更了解孩子的心情。其实孩子也想写好，只因作业布置太多。

案例1：今天下午老师一如往常布置作业。老师在黑板上不停地写着，我们的心渐渐凉了起来——这也太多了吧！大家心里叫苦连天，却不敢张口说出来。我忐忑不安："我的天，老师布置这么多作业，我们写得完吗？与其布置这么多作业，还不如少布置点让我们认真完成。"我回头看了一下，发现大家无一不是一脸苦笑。

这时，老师回头看了我们一眼，说："算了，这么多作业你们也写不完，减少点吧。"原本沉闷的空气活跃起来，大家都"耶"了一声，我心中大喜，心想：老师终于大发慈悲了！感谢苍天呀，太棒了！

案例2：我的儿子在上三年级时，班里老师布置的作业太多，儿子和他的同学就提出了自己的看法，说明作业太多了。结果，老师一生气又加了作业，弄得学生敢怒不敢言。而另一科老师，知道当天下午的作业非常多之后，就没有布置。此时学生对老师的情感就会发生偏移，学生就会变得更倾向于另一科目。

平时，学生做不完抄作业时，心里其实也很不是滋味，抄作业时的"理直气壮"也只是掩饰自己内心的"惶恐不安"。他们怕老师发现，更怕同学嘲笑。教师如果把学生"做不完"的漏洞都堵上了，学生自己能做，干吗去抄别人作业被人笑话呢？

这一点，特别值得我们老师和家长重新审视和思考！

5. 数学作业无趣是个大问题

调查显示学生对数学作业的感受，表示很轻松的学生占14.2%，比较轻松的占23%，感受一般的占44%，比较累的占13.7%，而表示很累的占5.1%。由此可见，大约有20%的学生感觉累。

那么，学生为什么会感觉累呢？我们在调研中设计了两个对应的问题：一是问学生喜欢的数学作业及原因；二是问学生不喜欢的数学作业及原因。

我们发现学生对于数学作业的消极情感体验会涉及数学作业多、数学作业难这样的表层理由，但更多的是数学作业没有意思，没有趣味、枯燥，不喜欢数学这门学科，不喜欢这个数学老师等这些出于数学作业本身及相关情感上的理由。分析结果显示，如果学生喜欢数学作业，就不会觉得做数学作业累，他对数学作业有趣及喜欢这门学科的认同率是最高的。这说明学生并非简单地以数学作业的数量及难易程度来确定喜好，而是对于数学作业内容本身有高质量的要求，也就是是否具有趣味性，以及对其是否有吸引力决定了他们的完成情况。

兴趣是最好的老师。只有布置学生感兴趣的数学作业，学生才会做起来津津有味。这个道理很简单，就像我们做菜一样，只有色香味俱全的菜才更能让人有吃的欲望。如果达不到色香味俱全，那就只能让其产生饥饿感了。然而学生在学习数学上的饥饿感的形成对于数学作业兴趣的培养是很不利的。

6. 当前数学作业批改方式也出现了问题

近年来，随着多元评价方式的兴起，很多学校也进行了一些有关数学作业批改和反馈方式的改革。这些改革举措对数学作业评价起到了一定的积极作用，但有些措施也引起了一线数学教师的质疑。

比如，让教师采用激励性语言和等级相结合的方式评价学生作业。当然这种改革措施有一定的可取之处。尤其是对学生采取个性化、针对性的激励评语的方式就像是教师与学生面对面的交流。学生阅读了教师的评语感到教师就在身边。这种激励性评语在小学阶段是比较符合学生年龄和心理特点的。但是由于作业量多和班额大，教师批阅作业的时间占用每天教学工作的时间比较多，这种激励性评价语言的运用大打折扣。在每一次批阅数学作业时，班内全体学生全部使用激励性评语是不现实的。据调查，每个数学老师在一天中需要批阅的作业一般有2～3项（家庭作业、课堂作业等）。即使是对部分学生使用激励性评语也是很耗费教师的精力的。因此，教师只有在纠错或者提要求的时候才会使用评语。这些评语往往是简单的几个字，还带有命令的语气，或者带有批评语气，如"你写的字太差了！""都会，为什么不好好写呢？""重做！""一步错，步步错，要注意！"等。这样的批语更多地倾向于对学生作业题目对与错的评价，至于学生的情感、学习态度等没有顾及。有的教师仅仅是为了迎查需要，使用了一些不真诚的、虚假的"鼓励性语言"进行评价，如"你真棒！""你很聪明！""老师期待着你的进步！"等。这类评语适合很多学生，个性化的程度不够高。"通过实践观察发现，教师的评语模式很单一，都是对学生缺点的指出和作业要求的评语出现在作业本上。这种消极形式的评语不符合作业评价中的激励性原则。"（李璐莹）因此，教师可以从数学作业内容的探究兴趣、数学答题审题的习惯、数学概念理解与方法运用以及教师对数学作业的期待与提示等几个方面进行评语设计。这样详细有序列的评价不需要每天都有，但是希望教师可以在每周对每个孩子都有这样的评价，让学生在数学作业中有所成长，有所收获。

数学课程标准明确指出："评价要关注学生的个性差异，保护学生的自尊心和自信心。"比如，学校鼓励教师采用"个性面批"等更具个性化的方式。我们教师也认为学生会喜欢这种方式，但调查结果却让我们大吃一惊：学生普遍不喜欢单独面批订正。这也许就是受我们成人化思考方式影响的原因。我们心里觉得做到了"评价要关注学生的个性差异"，然而适得其反，实施"个性面批"的这部分学生的自尊心和自信心却受到不同程度的伤害。采用"个性面批"的这部分学生是数学知识掌握不扎实的。如果这些学生被老师叫到讲台或者办公室进行"个性面批"，他们觉得在同学面前和在其他老师面前丢人。再加上老师在面批的过程中，有可能因错误的订正而控制不住自己的情绪，造成学生对教师的"个性面批"行为产生了一种"批评"的错误认识，导致师生内心的距离越来越远。大家也许不会陌生，在学生学习请教疑难问题上有一个现象：越是高年级的学生，越不爱表达，越是高年级的学生，越不愿请教。甚至，很多学生对一些数学问题不会，也不会向老师或者同学请教。其实，对于"个性面批"问题的思考也可以从这一个层面来理解学生对它的不认可。

二、国内外研究的现状

1. 国内外对作业的认识

（1）国内数学作业研究现状综述。

清代教育家颜元说过："讲之功有限，习之功无已。"在数学教学过程中，教师不仅要重视在课堂上进行知识的传授，更要重视"习之功"。数学作业与数学教学的其他环节有着同等重要的作用。

刘佛年先生在1978年就指出"培养学生解决问题的能力，是做数学作业的主要目的"。通过做习题，学生应该学会遇到问题时知道从哪里着手去解决，了解为什么要用这个办法，能不能设想其他的解决办法，以及遇到不同类型的问题时如何运用不同的方法，为什么会出现这样那样的错误，等等。他进一步建议：引导学生逐步自觉地掌握解决问题的方法。

随着教学改革的不断深入，数学作业问题已经引起了我国教育工作者的注重，并获得了一些成果。

在国内，江苏杨彩凤、王之华同志做了"关于数学回家作业量的控制实验研究"，得出结论：数学课外作业并不是越多越好。北京市对作业内容设计改革做了试验，认为作业设计在符合学生自身规律和愿望的情况下，一定能够激发学生的学习兴趣，调动学生学习的积极性和主动性，从而提高学生理解知识和运用知识的能力；作业的内容和形式的改革是否奏效，依赖于课堂教学结构和方法的改进，作业信息的反馈又促进了课堂教学方法的改进。如何改进作业批改方式，各地都进行了各种实验，唐绍友的观点是：适度让学生参与批改作业是培养学生自觉能力的有效途径之一。上海的蒋嘉辛、潘本元认为对学生作业采取轮流面批的措施有利于提高成绩，采用面批和鼓励相结合的措施效果更大。江苏樊亚东对于批改中教师评语和学生的回应的尝试，认为一对一的交流犹如私人信件，更能触及心灵。

上海的余祯在国内外作业设计比较研究方面总结出教师在进行作业设计时要设计出关注学生兴趣培养的数学作业，关注学生逻辑思维训练的数学作业，关注学生自主学习的数学作业。

方臻、夏雪梅基于学生心理机制的学习反馈的作业设计，提出了分层作业适合每一类学生的思维旅程。数学单元作业实现了学生知识逻辑与心理逻辑的统一。长周期数学作业是在坚持中研究与表达的锻炼。

刘善娜在小学数学作业方面对探究性作业的设计与实施做了实践研究，对探究性作业进行了概括，总结了五种类型，梳理了一些详细案例，对本课题的研究提供了参考和研究的基础。

关于数学作业设计原则的有关论述：1993年戴再平在著作《数学习题理论》一书时根据教学原则与编制数学题的特点对编制数学题本身应遵循的基本原则提出了三点看法，即目的性原则、科学性原则、和谐美原则。

2003年8月，黄东兰在硕士学位论文《中学数学习题教学理论与实践》中就习题精选提出了八条原则，即体现专题性原则、体现层次性原则、体现与社会生活相联系的原则等。

2006年10月，上海市二期课改高中数学训练系统研制课题组在《高中数学课本练习部分》编制说明中提出应遵循普适性原则、渐进性原则、发展性原则。

2007年徐金梅在硕士学位论文《初中数学例题及习题教学之研究》中提出了编制数学习题的11个原则：就近取材原则、循序渐进原则、启发性原则、开放性原则等。

2009年，任升录、黄根初等编著的《数学作业的设计与评价》从初中数学作业的视角对数学作业设计的原则进行了阐述，重点提出了个性化原则和自主选择的原则；对不同数学作业的类型也提出了概念课作业设计、命题课作业设计、预习课作业设计和复习课作业设计。

2011年6月，姚便芳、袁小平等编著的《有效评价：作业设计与测试命题》从理解学生评价的理念、正确指导学生学业的归因、学生学习能力评价、学生学业发展性评价、预习作业设计、课堂作业设计等方面进行了阐述。

2014年2月，刘春生著作《让学生爱上作业》一中，就小学作业的布置、查收和批改的技巧进行了专题的论述。其中，就作业问题背后的问题讲了几个问题：一是作业策略的动因问题；二是反复无常的教学观的问题；三是师生角色互动问题；四是漠视学生思维差异的问题；五是焦虑和危机干预技巧缺失的问题；六是忽略学生学习能力障碍的问题；七是学业评价观惯性思维的问题。在改革作业篇中提到"创建以展示与分享为核心的作业文化"。

2014年7月，孙明霞在《孙明霞的创意作业》一书中提到创意作业，让学生个性得到张扬，潜能得到发展。书中富有创意的作业形式很是让人开阔眼界：有栏目式作业、用漫画记录的作业、随笔式的作业、连续剧式的作业、网页式的作业、图解式的作业等。这些作业形式对小学数学生本作业形式的研究很有借鉴的意义，可以丰富数学作业的形式，对提高学生作业的兴趣很有帮助。

2014年10月，方臻、夏雪梅编著的《基于学生心理机制的学习反馈——作业设计》一书中提到心理学视野下的家庭作业。学生的作业心理机制是一种整合的心理模型，应遵循从学生视角理解作业特征、关注学生作业品质养成、让学生有更积极的作业情感与体验、让学生参与作业的设计与选择等原则，从常规作业、分层作业等多个方面不同专题进行了论述，尤其是分层作业要避免三个误区（表面分层、机械分层、标签化）并就分层作业的特点及设计样式进行了表述，可设计增进学生思维多样性的分层设计、不同学习风格的分类作业等。书中还提到单元作业是实现学生知识逻辑与心理逻辑统一的有效途径，对本课题的研究有很高的借鉴意义和价值。

2014年12月，宋运来、徐友凤主编的《中国作业的革命》一书分别从中国作业的困局、中国作业的新思路、中国作业的新突破、外国作业的新做法四部分进行了阐述。其中，第一章以困局这样的词语作为题目来说明编者对作业负担过重所造成的各种危害和伤害是有深切了解和体会的，对青少年学生的困惑、无助有深深的同情。第二章，在对作业的新思考中，从多个角度、多个侧面、多个层次审视家庭作业，在作业的现状与成因、必要与积弊、减负的侧重点、针对性以及阻力等方面都有深刻的思考。第三章新突破中详细地介绍了教师、学校的责任和作为，以及地方行政如何正确和全面贯彻教育部的减负精神。书中提到书面式的家庭作业到底该不该留。减负不单是减法，还应该是加法。第四章外国新做法，从理论、实践和教育体验的角度比较分析了英国、美国、日本、德国等国家家庭作业的特点，以及减负策略的优越之处，思考切入点在于如何让作业对学生成长起到积极的促进作用，通过比较分析借鉴，让我们对减负有了更新的认识，避免盲目性和从众性，对提高教育的自觉性和主动性有着非常积极重要的意义。另外，该书还提到中国好作业征集公益活动，尝试邀请专家名人和社会各界人士来帮助孩子做一份有特色的暑假作业，对我们课题组有很大的启发意义，让我们的思路更开阔了。

（2）国外数学作业研究现状综述。

在国外，作业问题的研究是比较活跃的研究领域。

早在17世纪的欧洲，夸美纽斯就已经对课外作业的重要性和安排方法做了精辟的论述，他指出：所教科目若不经常有适当的反复和练习，教育便不能达到彻底之境界。他要求教师讲完新课后让学生复述所讲内容，要求学生把所学的知识再教给别人，通过实际应用把知识巩固在记忆里。

19世纪，德国教育家赫尔巴特指出：数学作业是必要的，但必须使学生知道人们通过数学能解决多少问题。有时候应当布置书面的数学论文，不过作业必须相当容易，不要强迫学生接受太多的作业，作业量应以学生能轻松地完成为宜。

对新中国教育产生过巨大影响的苏联教育家凯洛夫指出：数学家庭作业是教学工作的有机组成部分。这种数学作业从根本上具有用独立作业来巩固学生的知识，并使学生的技能和技巧完善化的使命。凯洛夫对于获得练习效率的条件提出一般要求，这些要求在今天也有指导意义。

美国密歇根州立大学珍妮特·阿勒曼和基尔·布尔菲认为，教师应该将数学家庭作业重新界定为能够弥补数学课堂学习之不足的课外学习机会，使数学家庭作业变得既为孩子们力所能及又有助于孩子们学习。他们对教师提出如下建议：一是布置的数学作业应该帮助学生了解一定的课程思想；二是数学作业一定要难易适当，既需要学生费脑筋又不至于让学生感到困惑或者灰心；三是尽量为学生提供一些可以让他们顺利完成数学作业的背景知识和材料；四是权衡一下布置的数学作业对学生的好处与需要学生花费的时间和精力是否成正比。

在作业意义的问题上，以美国教育问题专家哈里斯·库柏的研究为代表，他从1986年开始至1989年对100多份有关家庭作业进行分析，在大规模调查的基础上对家庭作业的历史和有效性进行了研究，并发现了家庭作业的许多正面功效。他指出：首先家庭作业显然对学习内容的记忆和理解具有直接的作用；其次，家庭作业能提高学生的学习技能，改善学生对学校的态度，能培养学生的独立性和责任心；最后，家庭作业可以使家长参与学校教育的过程。但是，他又认为家庭作业的负面效应却更为明显：只注重量不关心质的作业其危害是不可想象的。这样的家庭作业除了会把学生压垮，还会使学生厌烦，从而导致学生为完成作业而抄。

余祯主编的《学生喜欢的作业》一书提到美国加州小学作业的现状。她以自己的孩子在美国加州小学就读的亲身经历来讲加州小学的课堂教学以作业为主，"每一堂课，教师都会围绕教学目标和教学内容设计一个主题作业""几乎每一节课，学生都有不同形式的作业完成，学生很乐意将自己在课堂上的作业保存在自己的小档案里"。她对美国加州两个学区的两所小学三到五年级的小学生和家长的调查显示，加州小学课堂作业量远远大于回家作业量，但是书面作业总量比较小，双休日基本不布置回家作业，学习负担比较轻。

美国学者阿尔菲·科恩的《家庭作业的迷局》提到给学生布置家庭作业很大程度上毫无意义，过多的家庭作业会导致学生厌学，无助于提高学生成绩。

2. 国内外其他学科作业研究现状综述

魏鸿雁在山东师范大学教育硕士学位论文《初中英语课外作业生本化研究》中提出教师要有生本化的作业观，在英语课外作业的难度、完成时间、数量、形式上提供不同选择的机会和空间；学生要有生本化的作业观，在英语课外作业的设计与布置上改变传统的方式，变被动为主动，学生可自我设计规划评价自己的作业行为；家长要有生本化的作业观，改变传统意义上的家长检查签字的仪式或者程序，转变为家长协同参与的方式，成为孩子的合作者。姜璐在鲁东大学教育硕士学位论文《生本教育理念下小学高年级语文课外作业研究》中提出生本作业理念下的作业类型分析、设计策略、批改策略等几个模块，从突出学生、突出学习、突出合作、突出探究四个层面以前置作业和复习作业对小学语文高年级课外作业设计提出了相关建议。

3. 本课题对数学作业研究方向综述

以上关于数学及其他学科作业的国内外研究的现状分析都明确指出了数学作业的重要意义和价值。同时，在数学作业的布置、设计以及批改等不同方面做了一些有益的尝试。尤其是美国密歇根州立大学珍妮特·阿勒曼和基尔·布尔菲提出的数学作业的课程思想和国内关于数学作业内容改革的实验，对本课题的研究具有重要的参考价值和借鉴意义。但是，我们课题组在对比整合国内外研究现状的基础上发现，国内外对于数学作业的研究均缺少系统、体系的研究，处于内容设计、作业批改等一个或者某一个方面的实践研究与探索；或者即使从教师观、学生观、家长观三个层面来谈，也缺少具体的操作策略。基于种种现状，我们课题组提出小学数学生本作业体系构建的实践研究。这项研究是对传统数学作业方式、形式等的探索与尝试，重点对小学数学生本作业这一核心概念进行解读，形成小学数学生本作业内容、方式、原则、讲评等体系框架。

第二节　意义与价值

　　"作业啊！作业改革啊！循着作业的性质、功能、任务的准确定位去努力吧！马克思在《黑格尔法哲学批判》导言中写下的最后一句话是：'一切内在条件一旦成熟，德国的复活日就会由高卢雄鸡的高鸣来宣布。'让作业改革成为雄鸡的高鸣吧，去宣布教学深度改革的到来。也许，那正是中国学生的'复活日'。"（成尚荣，2014）这是成尚荣老师对作业改革意义和价值的认识，也是对作业改革的一种期望，更是对教学深度改革的期盼。在"一切内在条件"渐渐成熟的路上，我们作为一线教师也深刻感受到了当前作业改革的重要性和紧迫感，也从中深深体悟到了作业改革之重大意义和价值。

　　作业是教学管理的一个有机组成部分，要想提高教学质量，必须高度重视作业教学已是一个不争的事实。但往往因重视作业而导致学生课业负担过重。于是教育行政部门就出台了一些减负的规定。这些规定也都停留在会议层面。提高教学质量与减轻作业负担几乎成了一对不可协调的矛盾。

　　我认为，数学作业教学改革不只是一个"作业"层面的改革，其牵扯作业改革的方面很多。其中最为关键的是长期应试教育的影响。一切教学的"现实终极目标"都围绕应试而定。这样很难让老师在理念上短期内改变。这是作业教学改革的根本问题。另外，目前关于数学作业教学的改革比较肤浅，停留在形式、口号上的多，具体实践可操作的东西少。尤其是对数学作业的性质及其功能理解把握得不到位。

　　教育体制改革是一个长期而艰巨的任务。从这个层面讲，作为一线教师可能力不从心。但是对于数学作业的性质及其功能的研究，我们可以尝试去做。即使不能从行政层面去改革，我们也可以从技术层面进行实践探索。

　　随着对作业性质和功能的深入认识，其实大家对作业的观念有了一些转变。比如，给学生布置一个关于学会购物的问题，让学生自己拿着钱，到超市购买日用品。这就需要让学生首先了解自己所需的日用品的情况，然后预算一下自己所需日用品的大概价格，和爸爸妈妈报告叙述。问题往后越来越多，难度也越来越大：面对琳琅满目的商品和实际商品的价格的筛选问题、组合问题、估算问题、结账精算问题，甚至购物时的感受问题，再升级为家庭消费理财问题。再如，一个其他学科的作业案例：让学生间隔一天播种一粒不同植物的种子，让学生在一个月内将播种的种子情况进行同学间的汇报展示。在这一个月内让学生逐渐感受播种的种子变化情况，这其中涉及的问题会逐渐增多，难度逐渐加大，直至总结出一般规律。

这种作业既具有操作性、探究性，更具有挑战性。这种作业也是学生喜欢的作业类型之一。学生在做这种作业的时候会遇到很多与多学科相融合的问题，教师要引导学生产生自主探究的欲望。在探究的过程中，学生的情感态度也会随之得到培养。

这其实就是我们要探究的一个重要问题。做作业的意义是什么？做作业的价值是什么？我们设计这样的生本作业的指向是什么？

这其实是我们这一节需要认真思考的问题。我认为以生为本的作业就是以学生为主体，给学生创设一个作业探究的机会和环境，让学生在作业过程中真正感受到自己是在参与学习、参与探究、参与体验；让学生体会到做作业是一种学会学习的方式、过程；让学生在作业完成的过程中体会到学习的真实发生。

在日常教学中，我们经常会把作业功能定位为复习旧知，预习新知。这样对作业的理解实际是偏颇的。于是，也就出现了大量背诵、默写、抄写练习题等机械重复的操练。这种倾向导致量的增加，思维含量却在减少。

近些年来，人们对国际学生评估学业质量监测比较关注。上海作为我国进行PISA测试的地区，2次拔得头筹，与芬兰教育一比高低。其原因普遍认为是中国的教研体系的健全与运行、中国学校内教师教学工作的态度和品质以及中国的教育评价制度。其中，有一个问题也是我们国内外教育工作者深切感受到的，那就是学习负担问题。也正是中国学生过多的作业，付出了过多的时间成本。然而这种加重学生课业负担的做法并不是提高教育质量的不二法门。恰巧相反，这与注重以生为本、自主探究的生本作业的意义和价值是完全不一样的，是背道而驰的。

关于小学数学生本作业体系构建的实践研究就是探索建构一套比较完整的、以学生为本的作业体系，让教师在日常的教学设计以及作业设计中有所遵循。在此，我主要从理论意义和实践价值两个方面进行阐述。

一、理论意义

小学数学生本作业是生本教育理念的延伸。从生本教育、生本课堂延伸提出生本作业的概念。生本作业教学就是学生在老师的组织引导下自主作业学习。生本作业的教学不是本本的也不是师本的，更不同于短期的作业教学行为——应付考试的作业，而是注重学生发展的作业教学行为。重点突出作业生本的特点，更加注重体现人本方面的兴趣、情感体验等。

小学数学生本作业是一种新的教学主张。它以尊重学生、发展学生为根本，以"减负增效、添趣增值"为突破口，以培养学生在数学学科中的关键能力和必备品质为目标，从而提高数学教育教学的质量；主要针对当前小学数学作业中存在的知用脱节、学科割裂、形式单一、机械重复等问题，构建创设小学数学生本作业体系，赋予数学作业人文教化意义，实现在数学学科中落实立德树人根本任务这一目标。

二、实践价值

1. 有助于深入实施素质教育，提高小学生数学素养

数学课程标准指出："数学课程应致力于学生数学素养的形成与发展。数学素养是学生学好数学的基础，也是学生全面发展和终身发展的基础。""九年义务教育阶段的数学课程，必须面向全体学生，使学生获得基本的数学素养。"这是小学数学新课程标准对数学教育提出的要求。另外，根据国家义务教育的要求，小学数学教学必须"面向全体学生，落实素质教育"，确保每个学生通过努力都能在原有基础上得到提高。从心理学的角度看，学生存在个性差异，面向全体学生就不能无视这种差异，而应因人定标、因材施教。发展性教学理论认为"差异是一种资源"，而承认差异，尊重差异，更是我们实行素质教育的一个重要理念。在"让每个学生都能得到最优发展"的教育观下，我们必须认清应试教育下作业中存在的问题，并提出符合素质教育标准的形式多样的数学作业形式。素质教育背景下，教师设计作业不应仅停留在知识的层面，而应蕴含丰富的教育因素，应有利于调动

学生的积极性，着眼于全体学生的可持续发展，力争让每个学生在适合自己的作业中都取得成功，获得轻松、愉快、满足的心理体验。

2. 有助于进一步规范办学行为，减轻学生负担

《山东省普通中小学管理基本规范（试行）》中明确规定，小学一、二年级不留书面家庭作业，其他年级除语文、数学外不留书面家庭作业，语文、数学书面家庭作业每天不超过1小时；提倡布置探究性、实践性的家庭作业。《国家中长期教育改革和发展规划纲要（2010—2020年）》指出：减轻中小学生课业负担，过重的课业负担严重损害少年儿童身心健康，减轻学生课业负担是全社会的共同责任，政府、学校、家庭、社会必须共同努力，标本兼治，综合治理，把减负落实到中小学教育的全过程中，促进学生生动活泼的学习、健康快乐的成长，率先实现小学生减负。两个纲领性指导文件都对作业提出了明确的要求。小学生本作业体系构建的实践研究试图把解决数学作业负担过重和作业布置不规范这两个问题同时作为出发点和落脚点来进行尝试与探索，让学生感到数学作业的探究有趣，好玩有用，从而改变传统作业设计的内容、时间、类型与方式，努力规范办学行为，努力减轻学生负担。

3. 有助于提高小学数学教学质量

作业是学生为完成学习的既定任务而进行的活动，是教学工作的有机组成部分。数学作业也不例外。数学作业不仅是学生掌握数学基本知识、熟练技能、体验数学思想、感悟数学活动经验的重要途径，还是教师检验课堂教学效果、改进课堂教学策略的主要手段。数学作业的有效与否直接关乎数学教学质量。因此，数学生本作业体系构建对提高小学数学教学质量有着重要的积极的影响。

4. 有助于实现办社会满意的教育

在整个教育教学环节中，家长与学生的作业是直接接触最多的。家长通过作业这一载体来直观感受学校的教育教学。数学作业的趣味性、互动性、参与性、实践性等因素影响着学生和家长对数学作业的情感，这也势必会影响家长对数学教育教学的认识。试想一个学生对数学作业乏味，敷衍了事，作业题目错误百出，这样的情况对于每一个家长心里是不会满意的。在一定程度上，作业质量好坏是家长对教育是否满意的一个重要标准。这也是学生课业负担过重成为社会关注的热点问题的一大原因。因此，基于学生需求、兴趣的生本作业体系的构建是办社会满意的教育的需要，是实现办社会满意的教育这一重大目标的具体的重要的措施之一。

5. 有助于学生个性发展

生本作业符合学生认知特点，满足学生个性化发展的需要，更是"人人都能获得良好的数学教育，不同的人在数学上得到不同的发展"的新课程理念的具体实践。新的一轮课程改革将使基础教育的教学目标、内容、形式等各个方面发生相应的变化。小学数学生本作业使作业与人的个性发展相协调，实现从原来的一种负担向一种自身需求的转变并能促进自身发展。也就是把作业作为一件自己乐意的需要的事情来完成。生本作业的实践研究最核心的概念：生本作业就是以生为本的作业，在作业的设计与实施过程中高度尊重学生，全面发展学生，全面依靠学生，符合学生的认知特点，满足学生个性化发展的需要，充分发挥学生的主观能动性，让学生展开想象的翅膀，让学生把数学作业变成不再厌烦的事情，让每个学生都获得对数学的理解与感悟。这样一来，在减轻学生课业负担的同时又能提高学生的数学素养，最终实现不同的人在数学上得到不同的发展。

综上所述，立足于数学作业存在的现实问题，围绕数学作业的性质、功能、任务等展开研究，尝试进行小学数学生本作业内容、形式、类型、评价等方面作业体系的改革与实践，对培养学生学习数学的兴趣，提高学生的数学素养，有着极其重要的理论意义与实践价值。

第三节　目标与思路

怎样让学生爱上数学作业？怎样发挥学生在作业中的主观能动性？怎样落实以生为本的理念？怎样把小学数学四个领域的内容以作业方式进行整体设计与思考？怎样按照生本作业的原则并以数学作业案例的形式呈现？怎样归纳总结小学数学生本作业的类型范式？怎样探索小学数学作业评价策略等。这一系列问题都应围绕培养小学数学核心素养这一根本目标来设计。让学生的学习真实发生，让学生因作业而精彩是我们的追求。

我们想通过寻求作业创新的途径，设计形式多样、多元化的作业，让作业成为提高学生素质的主要桥梁。数学教育的功能应该是"为终身学习打底，为终身精神发展打底"。要想实现这一功能，就要在提高课堂教学效率的前提下，注意有计划、有组织地让学生到知识的汪洋大海中遨游，通过自己的"游泳"实践，去学习，去思考；就是要在课堂教学和综合实践之间架起一座桥梁，那就是数学作业设计。

为此，我们确定主要从教师和学生、学生和学生、教师与作业、学生与作业四个方面进行尝试和初探，把数学生本作业的理论体系和实践体系作为研究的对象，具体包括教师关于生本作业设计的内容、原则、类型、策略等理论体系，还包括具体操作的案例等实践体系。

主要设计了四个研究目标：

（1）通过编制开发小学数学作业内容，形成小学数学生本作业内容体系，为教师提供可参考的小学数学生本作业设计案例。

（2）通过实践研究，关注学生情感，尊重学生个性，以生为本，总结形成小学数学生本作业设计遵循的原则。创新小学数学作业的有效形式，总结形成适合小学生年龄特点的数学作业类型范式。改变小学数学作业评价方式，总结形成小学数学生本作业的实施讲评策略。

（3）通过小学数学生本作业的实践研究，提高作业实施的有效性，达到减轻学生负担的目的，实现减负增趣，促使每个学生在不同基础上得到提高与发展，促进学生数学素养全面提升。

（4）通过实践研究，提高教师的业务素质、驾驭教学的水平和进行教育科研的能力，提炼形成教学主张，凝练教育思想。

基于以上研究目标的确定，我们尝试从以下几个方面入手进行探索：

（1）开展小学数学生本作业内容设计的研究。主要以教材中作业、改编拓展作业为研究切入点，围绕数与代数、图形与几何、统计与概率、综合与实践四大领域展开，形成小学数学生本作业内容体系；优化作业设计的功能，体现课堂教学与作业的形成性和发展性研究，强化记忆和反馈信息；优化作业的巩固和检查功能，加强对基础知识、技能的巩固；优化作业的深化和提高功能，侧重于过程与方法的体验。在操作实践中，让数学作业目标更多元化，内容更丰富，更加有效，更加有利于学生主动地进行观察、实验、猜测、验证、推理与交流，真正达到为培养学生的创新精神而服务的目的。

（2）开展小学数学生本作业类型范式的研究。把作业的合作性、自主性、趣味性、生活性、实践性等方面作为研究导向，创新小学数学作业类型，使课内外数学作业能有效地成为提高学生数学学习效果的一种手段。充分关注小学生的个体差异，结合作业难度、作业量、时间等因素分类型设计作业，体现差异性，最终让不同层次的学生有不同的发展。

（3）开展小学数学生本作业时间控制的研究。根据《山东省普通中小学管理基本规范（试行）》中明确的控制作业时间的要求，结合学生实际情况，协调各学科教师合理安排小学数学作业时间，控制作业的容量（作业量应遵循的不是"多多益善"原则，而是"少而有效"的原则）努力做到既不加重学生的学习负担又能尽可能发挥学生的潜能。同时，确保小学生作业时间不超过规定要求，以便留给学生自主活动的时间。

小学数学生本作业体系构建实践研究流程如图1-3-1所示。

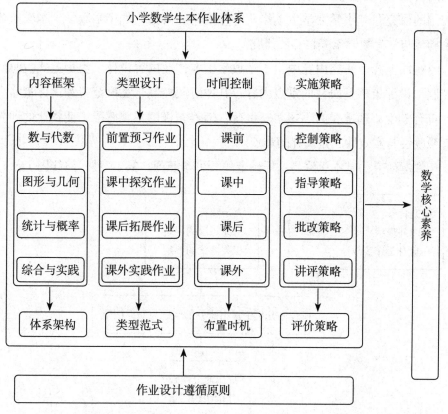

图1-3-1　小学数学生本作业体系构建实践研究流程图

（4）开展小学数学生本作业讲评策略的研究。注重作业的过程性和激励性评价研究，建立符合学生心理承受力不超客观负荷的作业设计评价标准，建立小学数学生本作业讲评体系，培养学生积极的主观感受，真正使作业的评判发挥它应有的激励作用、实效作用。

（5）开展小学数学生本作业遵循原则的研究。小学数学生本作业在内容设计、类型范式、布置时机、评价策略等方面均需要遵循以生为本的理念。基于这种认识，在小学数学生本作业设计与实施过程中应总结归纳出遵循原则，以便在今后的教学实践中参照。同时，这些原则也可以突出从数学作业的内容、类型范式、评价等方面来进行研究。

我们设计了以下几个子课题进行研究：

"小学课业负担与数学作业的现状研究""小学数学生本作业有效因素的研究""小学数学生本作业内容设计的研究""小学数学生本作业遵循原

则的研究""小学数学生本作业类型范式的研究""小学数学生本作业时间控制的研究""小学数学生本作业讲评策略的研究""小学数学生本作业体系构建与学生数学素养培养的研究"。

在以上几个研究内容中，小学数学生本作业内容设计、类型范式、时间控制、讲评策略是研究的重点内容，其中时间控制、类型范式和讲评策略中"符合学生心理承受力不超客观负荷，培养积极的主观感受，使作业的评判有激励性与实效性"是研究的难点。

课题研究的基本思路是这样确定的（可参照图1-3-2：技术路线图）：

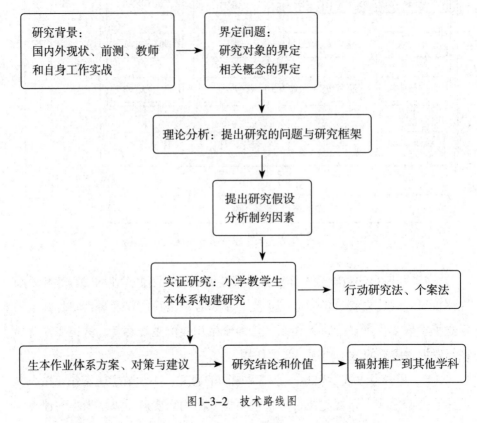

图1-3-2 技术路线图

结合初步确定的研究思路，我们采用的研究方法有下面几个：

（1）文献资料法：主要通过知网等数据库查阅编写实施方案、开题报告等所需参考文献，学习借鉴别人已有的研究成果，构建自己研究的理论框架及研究方向。

（2）调查研究法：作业的内容、形式、设计以及兴趣点等需要通过问卷掌握。不但用书面问卷对研究对象进行调查，而且专门召开有关学生座谈会进行调查，来完成小学数学作业有效性的现状调查、影响小学数学作业有效因素的调查分析和小学数学课业负担的调查。目的是了解学生作业基本现状，为数学作业有效性的实施研究提供依据和背景材料。问卷主要从三个维度来设计：自主作业学习意识（包括作业动机的认识、作业计划的制订、作业目标的树立）、自主作业完成行为（主动作业、主动进行课外作业、主动寻求实践作业的途径）、自主作业策略（主动作业、课堂作业的积极性、时间管理能力、自我监控能力、主动求助能力）。

（3）行动研究法：用行动研究法来研究教师关于作业内容设计、遵循原则等方面的策略和作用，研究学生对数学生本作业的反应。

（4）个案研究法：对小学数学生本作业设计与实施过程中出现的个案材料进行收集、记录，并写出个案报告。采用观察、收集文件证据、描述统计、图片、影片或录像资料等方法，结合对象典型性、过程深入性、成果可操作性等个案研究法的特征，对部分研究对象尽可能搜集更多的资料加以分析，综合运用各种方法探讨小学数学生本作业的内容、类型、原则、评价等。

以行动研究法为主，辅以调查研究法、文献资料法、个案研究法等方法。

第四节　假设与创新

赵小雅在《中国教育报》2014年暑期特刊作业主题的编后语中讲道："过去，一说到减负，总要想到作业，而且总是想到控制作业的量。但这一视角对减负并没有真正实效。但是，对于作业的思考与改革却从未停步。我们从不同视角来审视与认识习以为常的作业，也许可以给我们一些新的启示。如何出好一道作业题固然重要，但是如何认识作业的功能，如何运用作业，以及如何让作业与课堂教学的变革更加有机地融合，也许才是思考问题的新视角，从这个意义上来说，视野比方法更重要。在新课程视野下，如何将作业与课堂教学的内在变革联系起来，从学生学习的全过程来重新认识作业，赋予作业更加灵活的形式，更加丰富的内涵，还作业本来的意义，从而真正除去传统视域下作业所背负的'恶名'，探讨仅仅是开始，还有很长的路要走。"

目前，教师布置数学作业更注重的是基础知识、基本技能的训练，设计的数学作业一刀切、内容枯燥，评价缺少激励性等，是小学生对数学作业不感兴趣的原因。这些原因其实也只是表面的原因。我们应从作业的性质、功能及其任务来思考其定位的问题，这才是我们研究的方向。

成尚荣先生曾讲过："作业改革，应当而且完全可以成为撬动学生自主建构的机制。"作业作为教学的重要组成部分，我们应该充分利用这一平台，尊重学生，以生为本，让他们在完成作业的过程中学会自主学习、自主探究，让他们在作业中感到快乐，发展兴趣，形成想要学习的意识和愿望，从而让他们在作业的情境中进行自我建构。这才是我们要培养的"关键能力"。

学生一提到作业，不是满眼发光，而是极不情愿。把作业作为提高应试能力的手段不是我们追求的，更不是我们要做的。相反，是我们亟须改变的。

马克斯·范梅南说，面对儿童就是面对一种可能性。成尚荣先生也讲过："当今的作业，只是在进行知识的复习、巩固，只是在做技能的操练，只是为满足应试而背诵，扼杀了学生的可能性。反之，让作业成为学生自主学习、自主探究的又一机会，正是开发他们可能性的一个极好的平台。"

我们想利用这"一个极好的平台"，从这个角度出发，摸索出作业在课堂教学中的生发点，摸索出作业在课堂之外的趣味点，让学生在作业情境中主动探究，在作业情境中自主构建，在作业情境中真实学习。我想，这既是我们的出发点，也是我们的落脚点。

一、研究假设

通过小学数学生本作业体系构建的实践研究，建立符合学生认知特点和兴趣情感的小学数学生本作业体系，形成一套序列化的便于操作、可供参考复制的小学数学生本作业的案例。通过小学数学生本作业关注学生情感，达到减轻学生负担的目的，提高学生数学学习质量，提高学生数学素养，提高学生学习数学的关键能力和必备品质，同时提高教师的业务素质、驾驭教学的水平和进行教育科研的能力。

二、理论依据

1. 人本主义理论

人本主义是一种哲学理论和一种世界观。人本主义把个人的兴趣、情感、价值观和尊严作为出发点。作业设计应以人为本。人本主义下的生本作业也应以学生的兴趣、情感、价值观和尊严作为出发点。

2. 生本教育理论

生本教育是指"真正以学生为主人，为学生好学而设计的教育"。生本教育的理念是：一切为了学生、高度尊重学生、全面依靠学生。生本教育实验在国内百多所中小学学校开展后产生了巨大的效果和社会影响，引起了教育界的强烈回响。生本教育理念下的生本作业也是以学生为主人，是为学生好学而设计的作业。生本作业改变了传统意义上的单向指令的固定作业模式，使其成为自主探索、合作探究的互动性强的作业行为。

3. 建构主义理论

建构主义理论倡导自主性、探究性、合作性，在以学生为主的作业教学中进一步发展学生对知识的主动探索、主动发现和对所学知识意义的主动建构。

4. 元认知理论

家庭作业由学生独立完成可以培养学生的自我监控能力。考虑家长的参与和同学的合作，家庭作业通过合作完成有利于学生融洽的人际关系的形成。

5. "最近发展区"理论

维果茨基是苏联的心理学家，他提出了"最近发展区"理论，他认为学生的发展具备两种水平：一种是学生的现有水平，它是指学生独立活动的时候能够达到的解决问题的水平；另一种是学生可能的发展水平，它是指学生通过教学所能够获得的潜力。这两者之间的差异就是所指的"最近发展区"。我们这里提出的小学数学生本作业体系构建就是基于学生的"最近发展区"，提供"最近发展区"的数学作业内容，调动学生的积极性，发挥他们的潜能，最终超越他们的"最近发展区"，从而达到他们困难发展的水平，然后在此基础上进行下一个发展区的发展。

6. 新课标关于作业的新理念

之前，数学作业是课堂教学的附属。如今在新课程理念下，数学作业是课程意义，甚至是人生意义重建与提升的重要内容。数学生本作业体系在呈现形式上是螺旋上升的，整个数学生本作业课程的理念贯穿其中，有体系框架、有内容设计、有评价指标等。

7. 《义务教育学校管理标准（试行）》理念

北京市海淀区等7个地市、区县成为《义务教育学校管理标准（试行）》实验区，之后全国严格执行92条规定。规定包括：义务教育阶段学校不举办任何形式的入学或升学考试；学校要布置学生家务劳动，举办校园开放日，保证小学生每天10小时、初中生9小时睡眠等；学生每天集体体育锻炼不少于1小时。《山东省基本办学规范40条》中明确规定：睡眠时间义务教育阶段学生不少于9小时，高中不少于8小时。学生家庭书面作业实行总量控制。小学一、二年级不留书面家庭作业，其他年级除语文、数学外不留书面家庭作业，语文、数学书面家庭作业每天不超过1小时；提倡布置探究性、实践性的家庭作业。按照《基础教育课程改革纲要》要求，改进教学方式方法，引导、鼓励和支持学生自主、合作、探究学习，注重培养学生的独立思考能力、创新能力和实践能力，发展学生的个性特长。每学年参加社会实践活动的时间小学生不少于10天。

三、创新之处

围绕生本作业这一核心概念，尝试从理念、内容、策略等方面进行探索与创新。课题研究的拟创新之处如下。

1. 从数学生本作业理念上创新

在生本教育、生本课堂理念下，提出了生本作业的概念。生本作业相对于师本而言，更加注重体现人文方面的兴趣、情感体验等。

2. 从数学生本作业内容上创新

挖掘整合教材中的作业素材。一是从教材中精选小学数学作业；二是根据教学内容创改小学数学作业；三是根据教学内容拓展小学数学作业。课题组结合大量文献研究发现：关于数学作业的实践研究都没有形成6个年级12册系统的案例设计。为此，课题组专门针对生本作业的特点结合小学数学每个单元的内容开发设计12册的数学生本作业案例，以便于借鉴。

3. 从数学生本作业策略上创新

尝试多种形式丰富的数学生本作业。以生为本的作业教学鼓励自主，注重实践。按照多样化的原则，进行个人、小组和班级等多种方式的自主学习，让数学作业成为有趣的、现实的、探索性的实践活动，将学生的数学作业形式由原来以单一的练习与计算为主变成前置类作业、语言表述型作业等类型范式；同时在课题的实践研究中总结提出控制策略、指导策略、批改策略、讲评策略。

四、预期研究成果、预计去向及使用范围

1. 预期成果

（1）预期成果主件。

① "小学数学生本作业体系构建的实践研究" 研究总报告。

② 研究论文：

《小学数学生本作业设计原则的实践与思考》《小学数学生本作业类型范式的实践与思考》《小学数学生本作业时间控制的实践与思考》《小学数学生本作业讲评策略的实践与思考》。

（2）预期成果附件：《小学数学生本作业内容设计案例集》。

2. 研究成果预计去向

本课题研究成果既可以为区域内教科研人员、一线数学教师提供大量的数学生本作业案例和数学生本作业改革范式参考，又可以为省市县小学数学作业改革提供建设性意见，还可以为其他学科作业设计与研究提供可借鉴的类型范式和经验。

其中，"小学数学生本作业体系构建的实践研究"的研究报告将作为研究成果之一，可以为省市县作业改革提供建设性指导意见；公开发表的研究论文将为同行相关研究提供参考，为学术交流提供技术资料；《小学数学生本作业内容设计案例集》可为本区域提供大量的案例，亦可作为教学参考书。

3. 使用范围

研究成果可为小学数学作业改革提供参考；研究论文在国内刊物公开发表；小学数学生本作业内容设计案例及标准可在各学校推广。

第二章

数学生本作业的设计

　　小学数学新课标中明确提出"通过小学数学的学习，让人人在数学上都得到发展，让不同的人在数学上得到不同的发展"。鉴于此，我们改革作业内容，让数学作业目标更多元化，内容更丰富，真正达到为培养学生实践能力和创新意识而服务的目的。本章将主要从数学生本作业的内涵界定、设计原则、类型范式、内容架构四个层面来阐述数学生本作业的设计。

第一节　内涵界定

前面阐述了作业的背景与现状，我们知道了为什么要进行作业实践与探索。接下来，我们应该要知道什么是作业，什么是生本作业。我们只有抓住了本质问题才能继续往下走。对于生本作业这一概念界定清楚了，才能保证走的方向不会出现偏差。

一、作业的含义

众多文献资料对作业进行了不同层面、不同视角、不同侧重点的阐述。综合文献资料研究来看，作业一词由来已久，在不同的场合使用意义不同。

《辞海》认为，作业是为完成生产学习等方面的既定任务而进行的活动，这是比较广义的作业的定义，与我们所说的学校作业意义不同。

作业是教师给学生布置的功课，是学校教学工作的一个有机组成部分。学生的作业通常有三种：一种是课堂内在教师的直接指导下进行的，叫作课堂作业或课内作业；另一种是在课外进行的，一般称为课外作业和家庭作业。除此之外，还有一种是为了特定需要而给学生设计完成的作业，称为功能性作业。

《教师百科全书》认为："作业是学生为完成学习的既定任务而进行的活动。学生作业的目的在于巩固和消化所学知识，并使知识转化为技能技巧。它对于培养学生的独立工作能力与习惯，发展学生的智力与才能具有重要的意义。"

《中国大百科全书·教育卷》认为：作业仅指课外作业，所以也称家庭作业，是学生根据教师的要求，在上课以外的时间独立进行的学习活动，是教学组织形式之一。作业的功能主要有两个方面：一是对学生而言，作业是课堂学习内容的巩固和运用，体现了学习的过程，是针对课堂教学的实际，能充分针对当堂或一单元内的重点和难点知识，充分显示课堂教学中三维目标的落实，达到使学生强化和巩固课堂所学知识和技能，培养和提高实际运用能力的目的；二是对教师而言，作业是检验课堂教学效果的手段，是有效调整和改善教学内容、教学方法的基本依据之一。

布置数学作业是使学生完成数学学科学习任务的重要内容和手段，做作业是学生在教师的指导下有目的有步骤地巩固知识、理解概念与应用理论的学习活动，是形成学生各种知识技能、提升数学思维能力的基本途径。数学作业的完成情况是教师对学生学习数学状态进行评价的基本依据之一，教师通过学生数学作业的完成情况可以了解并调整自己的教学。

为了提高数学作业质量，教师必须明确设计数学作业的目的，精心选择和布置习题与问题，对学生的课堂作业及时处理，对课外作业及时批改和讲评。学校、教师和学生都要对作业进行有效的管理。

二、数学生本作业的界定

生本是指真正以学生为主人，为学生好学而设计。生本教育是郭思乐教授创立的一种教育思想和方式。生本教育是为学生好学而设计的教育，也是以生命为本的教育。

生本作业是为学生好学而设计的作业，也是以生命为本的作业教学设计，它既是一种方式，更是一种理念。生本作业，主要是指学生身心所承受的与学校课程有关的一切作业学习的负荷量，包含客观负荷和主观感受。客观负荷指作业学习任务的时间和数量，包括计划内和计划外作业两部分；而主观感受与学生的认知结构、学习动机水平、学习态度和情感相关。通俗地讲，生本作业就是学生在老师的组织引导下进行自主作业学习与探究。生本作业教学不是本本的，也不是师本的，更不同于短期的作业教学行为，不是应付考试的作业，而是注重学生发展的作业教学行为。数学作业是指课前、课堂、课后的数学作业，具体包括预习作业、课堂（中）作业、随堂作业、家庭作业、单元诊断作业等。

体系构建的意思是聚散为整，指的是合理地把零散的东西联系在一起，组成一个整体，构成一个体系，便于整体研究。本课题所指的体系构建主要有三个层面：一是指把小学阶段数学课程章节中可设计为作业的内容按数学领域关联起来组成一个生本作业内容体系；二是就小学数学生本作业中涉及的内容、目标、原则、评价等方面进行系统化梳理归纳，形成生本作业理论体系；三是结合内容体系和理论体系，形成可操作的数学生本作业案例实践体系。

小学数学生本作业设计与实施主要是在遵循学生认知特点和学生心理承受力的前提下，在严格控制的作业时间范围内，通过对数学课前、中、后作业的研究，形成生本作业内容框架，采用师生互助设计作业的方式，根据学生数学学习需要创设新型的作业形式，形成有效的生本作业评价制度，构建生本作业体系，从小学数学作业有效性的角度去减轻学生负担，以此来有效地提高学生的数学素养，使学生形成关键能力和必备品质，促进学生的全面发展。

三、数学核心素养与数学生本作业

我们在这里所谈及的数学生本作业就是为了培养学生的数学核心素养而提出的。换言之，生本作业这一概念是基于数学核心素养提出的。因此，我们也必须明确数学生本作业与数学核心素养的关系：二者不是孤立存在的。数学生本作业设计与实施是培养学生数学核心素养的途径。数学核心素养是数学生本作业设计与实施的目标之一。也正是有了这种认识，我们在设计实施每一个具体的数学生本作业案例的时候都要思考核心素养指向的问题。这一点是必须遵循的。

这里我们以新课标提出的10个核心概念为参照。这10个核心概念揭示了课程具体内容与基本数学思想之间的联系，它们分别渗透在不同的课程内容之中。因此，我们根据不同年级的具体教学内容，在设计数学生本作业时，充分考虑应该以发展哪些核心素养为主要目标。有了这样的思维，才不至于让我们的数学生本作业的设计与实施偏题；有了这种设计思维，小学生在作业中探究、在作业中体验才会变成现实，学习才能在作业中真实地发生。

也许你会觉得这是不可能的事情，也许你会觉得这是在高估学生的思维水平，也许你会觉得这是老师的一厢情愿，其实不然。只要学生在兴趣的驱使下，一切皆有可能。马克斯·范梅南在《教育机智》中说道，面对儿童就是面对一种可能性。所以，我们在进行数学生本作业设计与实施的时候，会结合学生的可能性进行思考。学生也会就我们设计的数学生本作业呈现出很多的可能性。这也是数学生本作业以生为本、尊重学生的体现。

那么如何将数学核心素养与数学生本作业设计和实施相结合呢？这里首先必须明确新课标中提出的10个核心关键词与各年级段重点发展的关键能力。

《义务教育数学课程标准（2011年版）》中指出"在数学课程中，应当注重发展学生的数感、符号意识、空间观念、几何直观、数据分析观念、运算能力、推理能力和模型思想。为了适应时代发展对人才培养的需要，数学课程还要特别注重发展学生的应用意识和创新意识"。这段话明确了义务教育阶段数学培养的10个核心关键词。

一是从横向的数学四大领域来看，在数与代数领域侧重的是数感、符号意识、运算能力、推理能力、模型思想，在图形与几何领域侧重的是空间观念、几何直观，在统计与概率领域侧重的是数据分析观念，在综合与实践领域侧重的是应用意识和创新意识。当然，这里所提到的数学四大领域分别侧重的核心关键词也是相对而言的。在数学四大领域中对于这10个核心能力的培养要求也是交叉存在的，不是孤立的。比如，对于推理能力这一核心关键词："推理能力的发展应贯穿整个数学学习过程。推理是数学的基本思维方式，也是人们学习和生活中经常使用的思维方式"。二是从纵向的三个学段来看，也是有所侧重的。《义务教育数学课程标准（2011年版）》中指出，根据学生发展的生理和心理特征，将9年的学习时间划分为三个学段：第一学段（一至三年级）、第二学段（四至六年级）、第三学段（七至九年级）。在这里主要结合第一、二学段的特点与侧重的10个核心能力关键词分别进行阐述。

首先，以数学课程标准第一学段（一至三年级）目标中重点目标的表述为例。

一是知识技能层面，重点对数与代数、图形与几何进行了阐述。数感培养表述为"理解万以内数的意义，初步认识分数、小数；理解常见的量；体会四则运算的意义，掌握必要的运算技能，能准确进行运算；在具体情境中，能选择适当的单位进行简单的估算。几何直观培养表述为了解一些简单几何体和常见的平面图形；感受平移、旋转、轴对称现象；掌握初步的测量、识图和画图的技能"。二是数学思考层面，也重点对数感和几何直观进行了阐述。对数感的培养表述为"在运用数及适当的度量单位描述现实生活中的简单现象，以及对运算结果进行估计的过程中，发展数感""在从物体中抽象出几何图形、想象图形的运动和位置的过程中，发展空间观念"。因此，在第一学段侧重的数学核心素养为数感和几何直观。

在数学生本作业设计与实施的时候，也要有所侧重。这样才不至于方向发生偏离，重难点把握不准。比如，第一学段中最后的三年级，就是学生由直观思维向抽象思维过渡的关键年级，也是数学概念掌握的关键时期，还是教材中数学概念增加的一个重要时期。在作业设计上对于数感的培养，应利用一些学生对数的初步认识，让学生的数感在读数中建立；可以利用相关学段的计算，让学生的数感在计算中建立；也可以在应用所学数学知识解决实际问题的过程中，让学生的数感在应用中建立。对于几何直观的培养，在设计作业的时候，可以通过数形结合，借助画图让学生多角度思考数学问题。

其次，以数学课程标准第二学段（四至六年级）目标中重点目标的表述为例。

第二学段目标中数学思考部分是这样表述的，"初步形成数感和空间观念，感受符号和几何直观的作用""在观察、实验、猜想、验证等活动中，发展合情推理能力"等。从数学课程标准第二学段目标的表述来看，涉及的数学核心素养的重点有空间观念、符号意识、推理能力、模型思想。在这个学段中，每个年级数学核心素养的侧重也不相同，如四年级侧重培养的数学核心素养是空间观念，五年级侧重培养的数学核心素养是符号意识，六年级侧重培养的数学核心素养是模型思想。对这些年级数学核心素养侧重点的认识既是基于学生身心特点和认知规律，又是基于数学课程标准内容安排与目标设计的。

数学课程标准中关于空间观念是这样表述的："空间观念主要是根据物体的特征抽象出几何图形，根据几何图形想象出所描述的实际物体；想象出物体的方位和相互之间的位置关系；描述图形的运动和变化；依据语言的描述画出图形等。"如人教版四年级上册的《平行四边形和梯形》和四年级下册的《三角形》这两个单元中均有根据物体的特征抽象出几何图形。又如，四年级下册《观察物体》这一单元就需要依据语言的描述画出图形，能想象出物体的方位和相互之间的位置关系。再如，四年级下册的《图形的运动》单元，就需要能描述图形的运动和变化，等等。

数学课程标准中关于符号意识是这样表述的："符号意识主要是指能够理解并且运用符号表示数、数量关系和变化规律；知道使用符号可以进行运算和推理，得到的结论具有一般性。"如人教版五年级上册《简易方程》单元中的"用字母表示数""用字母表示数量关系"等，可以让学生感受用字母符号表示数、数量关系带来的简单便捷。又如，五年级上册的《解方程》《运用方程解决实际问题》《多边形的面积》，五年级下册的《长方体和正方体》等，可以让学生知道使用符号可以进行运算和推理，得到的结论具有一般性。

数学课程标准中关于模型思想是这样表述的："模型思想的建立是学生体会和理解数学与外部世界联系的基本途径。建立和求解模型的过程包括：从现实生活或具体情境中抽象出数学问题，用数学符号建立方程、不等式、函数等表示数学问题中的数量关系和变化规律，求出结果并讨论结果的意义。"六年级学生面临各种类型的应用题，如六年级上册的"分数除法典型应用题"、六年级上册和下册均有"百分数问题"、六年级下册的"正反比例问题"、六年级上下册的关于"圆""圆柱""圆锥"等几何图形问题，等等，都需要让学生在归纳总结中形成数学模型思想，并构建相应的数学模型。

这样在第二学段进行作业设计与实施的时候，就要根据数学核心素养要求对数学作业设计有所侧重。在设计六年级数学生本作业的时候，应更多地关注数学模型思想的建立，形成知识的互联互通，以便于整体构建数学知识框架，增强学生的应用意识。在设计五年级数学生本作业的时候，要充分理解把握"建立符号意识有助于学生理解符号的使用是进行数学表达和数学思考的重要形式"这一要求，让学生通过多种渠道、多种方式来感受、理解、运用数学符号（数字符号、运算符号、关系符号），增强学生的符号意识。在设计四年级数学生本作业的时候，侧重引导学生对空间图形的表述，要充分理解把握"观察、操作、想象、描述，是培养儿童空间观念必不可少的途径"这一要求，增强学生的空间观念。

生本数学作业注重探究性，注重实践性，注重学生思维的参与度。因此，这里需要特别说明一点，这里提到的新课标中提出的10个核心关键词与各学段重点发展的关键能力只是相对的侧重点。它们不是孤立存在的，更不是割裂的。简言之，每个学段或者每个年级设计数学生本作业的时候，不应只抓这一核心关键能力的培养，其他核心素养也需要适时适当体现，并且要贯穿始终。

因此，在设计数学生本作业的时候，始终不要忘记核心素养这一本质要求，让学生在交流表述中加深对数学思想方法的理解，让学生在生活体验中增强数学的应用意识，让学生在探究数学知识的过程中感受数学文化的魅力，让学生在逻辑推理的过程中绽放数学创新的精彩。

第二节　设计原则

作业的主要问题之一是作业内容的问题，做什么作业是作业的核心问题。由于不清楚学生如何看待思考作业，什么样的作业特征有可能引发什么样的作业成效，在作业设计中，教师往往是根据知识点选择作业。有时候，教师虽然关注了学生喜欢的作业形式，试图增加新奇有趣的辅助成分，设计分类、分层作业等。但对于为什么要这样做，如何用这种方式改进学生的作业心理，进而调整学生的作业行为，往往还没有深入的思考和实践。这一部分试图从设计原则入手，找寻数学生本作业内容设计的科学依据，以期设计出具有情感体验、自主探究、尊重学生等特点的数学生本作业内容。

生本作业内容的选取应从数学学科的知识要求、学生学习的实际情况出发，尤其是要基于学生的心理需求去考虑，应遵循以下12个原则。

一、基础性原则

作业内容要符合教学实际要求，所选的作业要有启发性、典型性，有助于学生对所学知识的巩固和加深，重点应放在基础知识的掌握和基本技能的培养上。在选择作业时应重视对当天所学基本概念的熟悉和基本技能的训练，应更多地从学生能否顺利完成的角度选择作业内容。作业不应普遍太难，否则会挫伤学生学习的积极性，使学生对学习产生畏难情绪。基本知识和技能题应在作业的内容中占有相当的比例，能力的提高要有一个循序渐进的过程。

二、差异性原则

小学生本作业的形式要多样化，充分利用学生已有的学习资源。教师在设计作业时，应照顾学生学习的差异性，既要考虑优秀生学习的需要，又要考虑学困生学习的积极性和学习水平达到课标要求。比如，小学数学生本作业内容应更多地增加选择性和开放性。学生中将来从事数学研究的是很少一部分，上大学后继续学习数学的是大部分，还有一部分学生将来很少用到数学专业概念，他们需要的是数学核心素养，这种素养就是忘了具体学习内容之后的影响。

以简便运算为例。在设计分层作业时，分三种难度出题，难度依次增加。基础题：103×54，$3600 \div 25$，$240 \div 15$；变式题：$44 \times 37 \div 22$，$4800 \div (24 \times 25)$，$125 \times 25 \times 32$；提高题：$37 \times 28 + 74 \times 86$，$125 \times (40 + 8) \times 25$。

以发散性思维训练为例。比如，甲乙丙三人去买冰棒，每人都带了整数元钱，冰棒的价格是整数角。已知甲带了1元钱，最多能买2根冰棒，乙带的钱数最多能买6根冰棒，丙带的钱数最多能买11根冰棒，并且乙丙的钱合起来也不够买18根冰棒，那么一根冰棒要多少钱？再如，有50位同学去划船，大船每条可以坐6人，租金10元，小船每条可以坐4人，租金8元。如果你是领队，准备怎样租船？再如，可以设计以"学会怎样花钱"为主题的开放性作业，让学生结合时间点，设计和家人外出春游怎样买票最合算。这类作业题目的答案有多个，如何让学生找到最佳方案？除了上述开放题，我们还可以设计一些条件开放的应用题，向学生提供一些多重条件的应用题，让学生从现实情境中提取数学问题，让学生在复杂的条件中选择有效的条件来解决问题。

三、核心性原则

小学生本作业内容应围绕小学课程的核心内容展开，应选择典型习题，避免一些单纯知识的问题，重视教学的方法。比如，数学新课程标准中强调数学本质，注重过程体验，强化知识的形成过程，让学生学会并掌握数学的基本思想。所以，在小学数学生本作业设计上应围绕实施数学教育的根本意义和养成学生用数学基本观点看问题的习惯而展开。

四、生本性原则

所谓生本性原则就是要从学生视角理解小学生本作业的特征。也就是为了让学生产生良好的作业行为，并通过长期的良好作业行为发展起自我调节能力、社会能力等相关生本作业品质。教师设计的作业特征固然重要，但必须通过学生这一中间变量，即学生自己是如何理解看待这些特征的。这对教师的生本作业设计来说至少应考虑学生眼里的作业量、作业难度、作业批改方式等作业特征。

作业量这个问题集中表现了教师和学生之间的冲突。从现有的研究来看，同样的作业量，教师往往会低估作业量，会认为我布置的作业很少；正好相反，学生则习惯把作业量扩大。可是，对学生作业行为产生影响的是学生认知的作业量，恰恰不是教师所认为的作业量。所以教师在设计作业时，无论从作业量，还是作业难易程度均要考虑学生，以学生思考和认知为基础，不能想当然地去布置。

再有生本性的问题就是批阅批改的时候应充分站在学生的视角去思考和对待这个事情。也许教师认为面批的效果非常好，但是在学生的眼里，也许会出现羞愧、压力、尴尬等心理活动。所以，数学教师在进行作业个性化批阅的时候，应充分考虑学生的心理活动和心理特征，也就是生本的视角。

不同类型的学生在面对同样的作业时，会产生很大的认知和情感差异。如果说把握作业量是学生整体与教师在作业上的思维方式存在差异性，那么，在学生群体之间，也存在很多差异性的表现，而准确把握不同学生群体的心理特征对作业设计是很有益的。

五、品质性原则

所谓品质性原则就是要关注学生作业品质的养成。所谓作业品质，是指学生能够产生适应性的作业行为和相对应的心理品质，包括主动的时间投入、认知上的参与、作业完成过程中的坚持和自主等。

一般情况下，教师都会比较关注学生的作业完成情况。这是最显而易见的作业结果，如收作业时会留意哪些学生未交作业，或者交上来的作业的正确率如何。如果哪天作业学生没有全部完成，教师就会担心甚至焦虑学生作业完成的状态。但事实上，即使是那些完成了作业的学生，也有可能只是完成而已，他们对于作业的投入程度很低。这就意味着作业对于学生的教育作用并未很好地发挥出来。对于小学生来说，重要的是他们是如何完成数学作业的，学生的数学作业行为是否合理以及在做作业过程中遇到问题时是否能够进行合理的自我调节。

在观察中我们发现，大多数学生在做作业时仅以完成作业为目标，或者是匆匆写完作业就可以了，更有甚者寻找一些投机取巧的方法。也就是说作业没有发挥出学生的自我调节功能，反而导致其他一些不好的品质、不好的习惯形成。比如，写作业马马虎虎，只求完成不求甚解，粗心，抄袭，形成思维定式等。学生做作业的过程实际上就是自己对于知识的重新理解的过程，经过反复的实践、练习以及巩固，学生会建构起自己的学习经验。这个时候，教师如果以完成为目的，而并非在做作业的过程中逐步培养学生一种主动投入的学习情感、态度、行为和习惯，那么学生就会逐步成为机械性作业的奴隶，而做作业也将逐步丧失它的意义。

如何破解这一难题，突破这一困境？作为小学数学教师在作业设计中应该打破传统的设计方式，转换思路，应从对作业完成的关注转移到对作业行为品质上来。这样的作业设计才有生命力。因此，教师在作业设计时应该需要明确如何完成作业，也需要探查学生是否在此过程中形成了良好的作业习惯和心理品质。在这些方面，教师需要家长的帮助，家长可以发挥更大的作用，而不是简单地签个字就可以完事。

网络上有一件流传比较广的事情，就是一位妈妈关于家庭作业的几件事。现摘录下来，和大家一起分享。

放学后做作业：规定时间，到时间就不准他做了。他说家庭作业做不完，明天会被老师罚的，但我告诉他，什么时间做什么事，不能挪用。第二天他一大早起来做，我同样不准，让他哭着去上学。这以后，一直到高中毕业，他都是以先完成作业为首任。

老师布置家庭作业要求家长检查签字：让小孩自己检查，检查好拿来我签个字就行。签字时询问：你检查后都没错了吧，他确定说没错，你就签字。你明明看到有错的题，也不要给他指出来，让他明天的作业本有一个红叉。面对这一情况，你只要说一声昨天为什么没检查出来即可，不要太严厉，不要让小孩有担心你打他的时候，一切以讲理为主，这样他下次检查就会认真很多。

一年级时家长就要和小孩好好谈心，让他明白学习是为自己人生打基础的阶段，学习不是为家长学习，跟家长没关系，家长有家长的责任；让小孩自己检查是尽量让他管理自己，让他学会对自己的人生负责。如家长签字后第二天小孩回家说，看嘛，有道题错了都没检查出来，家长就无言以对了。

关于听写：我解决的方式是请他用默写的方式来完成。我说把你能想到所学的所有生字默写出来，那不是证明你很棒！他把语文书拿来放在我面前，我说把书拿走，妈妈相信你不会看。

老师告状及罚作业（关于批评）：我儿子在小学一年级时也被罚过。我接他放学，等他做完被罚的作业，同时听老师数落儿子上课如何不认真，如何跟同学发生事情等。回到家后仔细问情况，是同学不对的，就不批评他；是他自己的问题，也都轻言细语给他讲怎么样注意及改正。有一点很重要，家长要用道理解除他有可能对老师产生的负面情绪。打击小孩自信心的主要是家长和老师。如果小孩在学校挨骂了，当晚当妈妈的要把事情了解清楚，化解小孩的情绪，修补他的自信心。人的一生自信心很重要。

这个母亲的种种措施都不是为了简单地完成作业，而是指向更深层次的品质。释放一种信号，就是对自己的作业负责，要独立自主地完成。在我们的研究过程中也有很多教师表现出了类似的观点。

在这些方面，可以用时间管理软件培养学生做作业的自我管理能力，利用速算盒子在线交流与交互完成作业的反馈。这些都可以把学生不可控的作业变成教师精心设计的作业课程。

六、适度性原则

所谓适度性原则就是指要以尽可能少的作业量促进尽可能多的认知投入。在研究中我们发现，过多的作业量一定会抑制学生在作业中的认知投入。如果对作业量不进行控制，学生是无法投入更多的认知的。在研究中，教师可以布置学生自主选择的作业，主要目的是调整作业量和作业认知的挑战性。教师如果调换这种思维状态，那么学生作业的达成度、作业行为的选择以及倾诉的变化就会表现出不一样的积极状态，就会产生意想不到的效果。关于这一点，我们有几点启示：

首先，控制作业量，精心设计，挑战性让学生迸发活力。国外一些学者专家就专门对作业量的控制，也就是对作业量适度的问题进行过大量的研究，他们认为，低年级的学生每周需要1~3次课外作业，时间控制在40分钟左右；中年级的学生每周需要2~4次课外作业，时间控制在2小时之内；高年级的学生每周需要2~5次的课外作业，时间控制在3小时之内。对于作业时间的控制，山东、上海很早就有明确规定。比如，上海要求小学一至二年级不留书面作业，其他年级的书面作业控制在1小时以内。再比如山东，《山东省中小学教学基本规范》第十八条要求严格控制学生作业量，建立学生作业设计、布置、检查、总量控制和质量监控机制。小学一、二年级不留书面家庭作业，其他年级语文、数学书面家庭作业总量每天不超过1小时，其他学科不留书面家庭作业；教师要为学生布置可选择的作业；禁止布置机械重复、照抄照搬的作业；禁止利用练习册和各种复习资料不加选择地直接布置作业。为保障学生睡眠时间，学生完不成作业的，家长出具证明，教师不得追究学生责任。

这些规定基本上与国外一些中小学的家庭作业量是相当的。这对我们理解什么是适度性原则是有很大帮助的。

其次，就是要减少低水平的重复作业，增强作业的可理解性。在对小学生要完成的作业内容的考察中，我们发现存在大量的低水平认知作业，如要求学生背诵数学符号、数学概念、数学公式等。由于小学生对这些内容的理解程度不够，所以很多时候即使教师布置的内容材料本身很有意义，但由于小学生不解其意，其感觉到的只是一堆没有关联的符号。如何根据学生的认知能力，设计符合学生认知水平的作业，引导学生积极地用数学的眼光和数学思维去思考和解决问题，这是当下小学数学教师应该引起重视和认真思考实践的一个问题。

再次，就是做好作业分层的适度，进而激发学生的思维。我们在日常的数学教学中所采用的分层作业的方法，就是把学生分成A、B、C、D等几个等级，然后根据不同的等级来布置不同的作业。看上去像是分层了，其实这是分类了。这种做法隐藏了一种心理暗示。这种心理暗示影响和定位了一部分学生，潜意识地打压了一部分学生，使其产生了自卑的心理。其实，这种做法没有从教育育人本质上去思考学生，对学生的心理影响其实是巨大的。它存在这样几种弊端：一是让学生家长认为分层是教师的歧视心理；二是学生容易受到心理暗示，相对低水平的学生对高期望失去信心；三是分层会给学生贴上标签，使学生失去对个人能力的全面认知。也就是说分层不能是简单地分类，而是引导学生自主选择，分层才能体现其价值和意义。基于这种分层的原则认识，教师提出争取A类作业。这种设计，作业虽然被分成A、B、C三类，但是可根据学生每类题目的完成情况，按照一定的规则，自动生成梯次任务，这样一来，就没有固定，只要学生认真努力地去做，都可以做最高层次的作业。另外，最高层次的作业是最有尊严和荣誉感的，作业量也最少。因此，这种方式的分层作业是对学生自我认知的一种奖励，让学生感受到了挑战的味道。当然，分层作业那种标签感尽量要避免，让适量的作业因具有挑战性而激发学生的自我效能。也只有这样，才能让学生对作业更有持久的动力，并且专注地去完成。分层不是固化学生认知，而是激发认知的挑战性。

七、体验性原则

所谓体验性原则就是让学生有积极的作业情感体验。我们在对学生作业情感动机的研究过程中发现，学生的情感体验是一个重要的调节器：积极的情感体验不仅能让学生的数学作业完成率提高，还能让学生产生对整个数学学科更积极的认识。研究表明：作业量越多题目越难，学生作业情感越消极；反之，学生获得对作业参与权和选择权的比重越高，效果越好。因此，增强数学作业中积极的情感体验是非常重要的。

比如，学习了百分数以后，可以设计这样的作业：调查一下学校各班级近视情况并做一个统计表。分析调查数据后，同学间交流怎样预防近视。又如，学习了扇形统计图，可以设计《节约用水》作业，让学生调查周围是否有浪费水的现象，以小组为单位，测量不同水龙头在一定时间内的漏水量，并制作合适的统计图。利用收集到的资料，列出节约用水的措施。再如，在学习体积（容积）的时候，可以让学生做一个"曹冲称象"的实验。这样一来，教师在课内外巧妙设置体验类数学作业，不但可以激发学生探索的欲望，而且可以让数学知识向纵深方向发展。

如学习了长方形、正方形的面积后，设计作业：亮亮家的新房子要铺地砖，有两种设计方案。方案一：每块35元，边长为8分米；方案二：每块40元，长宽均为10分米。①用第一种地砖铺需用多少块？你知道这个厨房的面积是多少吗？②用第二种地砖铺需要多少块？③用哪种地砖比较便宜？

八、参与性原则

所谓参与性原则就是让学生参与作业的设计与选择。这一点非常重要，是生本作业的一个重要原则。一直以来，作业中学生是被动接受、被控制改造的对象。教师设计作业来让学生完成，学生在这个过程中没有一点自主权，完全取决于教师。学生只能听之任之，没有任何商量的余地。学生做作业也当成一种训练规矩的过程。其实，这种"独裁"下的作业设计只能满足和体现数学教师的意志，对于学生完全忽略。这种统一的作业行为的训练和强化只能让学生在巩固知识、完善技能中，随着作业一并被同化。因此，生本作业就是要考虑培养学生与自主、投入、责任相关的作业品质，在教师可控的作业特征中，考虑学生更多的参与权和选择权。

也许，我们会担心一旦放开作业的权限，学生会出现不负责任的情况，出现放任自流的状态。其实，恰恰相反。我们在实践中发现，学生不但不会出现不负责任的现象，而且还会主动地去完成，那种责任感和对作业的主动认知投入变得更大了。具体的操作过程我们做了以下几点参与性的尝试：一是学生主动选择作业量。一改常态，教师不再规定作业量，而是将选择作业量的权利交给学生，只要按时保质完成就可以。这样做的目的就是不仅让学生更积极主动地掌握知识和技能，而且更为关键的是强调作业本身的意义。二是让学生主动选择作业的难度。尤其是中高年级，让学生在一定的规则下，自主选择适合自己难度的作业，主动地挑战更高一级的作业，而不是教师指定层次去做。三是让学生主动选择数学作业的形式。其实这种方式，学生是最喜欢的。作业形式由自己选择，可以激发学生的潜能。当学生被赋予更多的参与权后，学生的主动性会得到充分释放。四是让学生主动选择作业反馈的方式。教师遇到难题是正常的事情，有些时候就可以留给学生。比如，在整理数学错题集的时候发现一个典型的题目：学生去了括号碰到减号的时候不知道怎么变号。于是老师就不断地讲解、反复地操练。其实，这种做法仍然将学生当作要改的对象。

九、关联性原则

所谓关联性原则就是让学生在完成数学生本作业的过程中体会知识的关联和生活的关联。一是数学知识的关联。实践研究发现，教师仅仅局限于教学内容的解读，而不关注整体的知识结构。这种问题的出现，必须用关联性的作业内容来弥补，这样才能对教材的编排体系和意图做整体的构建。比如，思维导图是一种将放射性思考具体化的方法。为了更好地引导学生总结概括所学的数学知识，可以巧妙地运用思维导图，把所学数学概念的关系用相关层级图表示出来，把主题关键词与图像、颜色等建立记忆链接。再如，为了突出关联性，可以采取以单元为主题的整合作业设计。学习《年、月、日》单元时，可以让学生运用本单元知识去制作一份新年的日历。二是数学与生活的关联。知识关联是为了实现学生对知识意义的实际应用。鉴于此，要结合数学知识，设计与生活密切相关的数学应用类作业，体现数学与生活的联系，体现数学来源于生活又应用于生活。

比如，学习《分类与整理》时，可以结合学习内容和学生生活习惯，精选设计与生活密切相关的整理书包。这样一来，让学生在具体的活动中体验分类标准的多样性，根据不同的分类标准掌握不同的分类方法。又如，学习《认识人民币》时，就可以让学生用硬纸和彩笔制作"人民币"，并在班里或家里模拟购物场景，扮演不同角色去体验生活中的数学；或者让学生以数学日记的形式写一次购物经历。再如，四年级学习了估算后，可设计这样的数学作业：你所在地区的最高建筑物有多高？它的高度大约相当于几个教室的高度？大约相当于多少个学生手拉手的长度？还有什么办法可以形象地描述这一高度？

十、多元性的原则

这里所说的多元性原则，就是让数学生本作业成为学生与他人交流沟通的一个凭借，让数学生本作业成为学生与他人共同走过的一段旅程。目前，往往把学生是否独立完成数学作业看作评价学生学习态度是否端正的一个重要指标。因此，在数学作业过程中的交流就会很少。久而久之，这种情感表达就会受到束缚，甚至会弱化这项功能。

皮亚杰的同伴影响理论告诉我们，平等互惠的同伴关系会促进交往技能的提高。因此，在设计数学生本作业时，应注重多元主体的参与，不要一味地要求独立完成，要形成师生交流、生生交流、亲子交流的数学生本作业多元交流模式。

比如，学习"认识1～10"时，可以设计用喜欢的数说一句话，让学生与家长一起从1～10中挑选自己喜欢的数字说一句话。目的是通过对数的表述，把抽象的知识形象化，使学生进一步建立数的概念，形成数感，并在这个过程中培养学生观察、收集、处理数学信息以及交流表达的能力。

又如，学习《位置与方向》时，可以设计画出客厅示意图，让家长和孩子一起参与客厅示意图的绘制。通过借助熟悉的场景辨认方向，有利于学生方位感的形成。这样的操作可以调动学生多种感官参与活动，把学生推向思维活动的前沿，使学生得到自主探索、主动交流、主动发展的机会。

再如，在教学《长度单位》时，设计量一量。题目如下：

小朋友们，请和爸爸妈妈分别用身体的一部分作为测量长度的单位，量一量家具的高度或长度，量一量房间的宽度等，完成表2-2-1。

表2-2-1　测量表

所量物体名称	高度或长度					
	我用拃量	妈妈（爸爸）用拃量	我用庹量	妈妈（爸爸）用庹量	我用步量	妈妈（爸爸）用步量
书桌						
房间						
通过测量，我明白了什么？						

这样设计的主要目的是让学生和爸爸妈妈一起参与，一起动手操作、动脑探索，并得出"为什么要统一长度单位？"从而让学生在一起快乐参与学习中体验数学好玩。

又如，小学生学习了加法应用题之后，就可以设计让学生来编写应用题。学生口述，家长记录。最重要的是让学生根据真实的情境来编写。这样一来，既培养了学生用数学语言表达生活问题的能力，还与家庭成员一起展示作业、分享思想、获得快乐。

特别需要注意的是，在设计这类作业时，教师和家长的良好沟通是首先要考虑的，需要把握的一个重要原则是不能让家长误解为教师为了减轻自己的负担而将本应由教师承担的责任转嫁给了家长。这一点一定要做好，并要有一定的思想认识做基础。

十一、趣味性原则

数学活动的趣味性是指数学活动生动有趣，能极大地调动学生的学习兴趣，学生通过练习能取得事半功倍的效果。实践性作业应该认真选择适量的，有代表性、趣味性和富有生活气息，充满时代感的作业。通过实践性作业激发学生的学习兴趣和求知欲，增强学生热爱数学的情感和学好数学的自信心。

比如，一年级学习了数字之后，为了进一步建立数的概念，让学生挑选自己喜欢的数字说一句话或者讲一件事情。这样一来，数学也成了有趣的故事。其主要目的就是让数学活动变得有趣，让学生在有趣味的数学中学习。

十二、应用性原则

实践性作业的设计要考虑学生的经验，密切联系学生的生活和社会实际，体现对知识的综合应用。

比如，学习"空间与图形"的计算后，可实地测量操场的面积或对生活用品进行估测；数的运算熟练后可开展有关价格与购物的活动；学习了"小数乘除的知识"后，可以组织学生调查、咨询、收集有关电话、手机话费等方面的信息，运用小数乘除法的有关知识及折扣知识解决有关话费的系列问题等。

综上所述，这些生本作业设计原则其主要目的是让学生喜欢上数学作业，爱上数学作业；让学生主动地、愉快地完成数学作业，从而在数学作业体验完成的过程中培养创新精神和实践能力。

同时，也可以遵循以上生本作业设计的原则，进而给学生进行减负。减负既不能简单地降低课业难度、减少作业量，搞"一味地""一刀切"，也不能凭教育主管部门的一纸公文给学生"解绑"。我认为从学生的兴趣、爱好、学科特点出发，遵循科学的原则，依据学生身心特点设计学生好学的生本作业才是解决课业负担过重的关键和有效途径。

第三节　类型范式

一提到数学作业，有的教师就会说数学作业不用分什么类型，无非就是些计算题和应用题；也有的教师会说数学作业即使设计出新的类型，也会换汤不换药。在此，我们必须认识到"学生学习应当是一个生动活泼的、主动的和富有个性的过程。学生应当有足够的时间和空间经历观察、实验、猜测、计算、推理、验证等活动过程"。因此，设计多元化、多样化的数学作业类型是非常有必要的。

我们经过文献研究发现，关于作业分类的论述也比较多。比如，勒家彦老师把数学作业分为八种：巩固性作业、思考性作业、比较性作业、归纳性作业、创造性作业、口头性作业、实践性作业、综合性作业。再如，刘善娜老师把数学作业分成了五大类型：概念表征型、问题分析型等。还有一些论文中提到趣味性作业、体验性作业等。

虽然作业的类型，或者说分类有很多，但在这里我们所提到的生本作业的类型范式主要归纳为两大类：一是常规性作业；二是实践性作业。我们在常规性作业设计分三类体现的基础上，尤其对实践性作业注重的八个类别的作业设计进行了实践与研究。

常规性作业就是教师根据学生学习的情况，为了将课堂上所学的知识进行巩固而设计的相对固定的作业。设计这些作业，往往是为了让学生达到知识强化的目的。但是这种常规性作业也容易因为熟能生巧的反复训练，而固化学生的思维。尤其是在数学学科中，一改变条件，学生就无从下手。同时，常规性作业的设计会让学生产生枯燥感，让学生感到无趣，学生的个性化表达得不到展现。基于以上认识，我把常规性作业分为前置类作业设计、预习类作业设计、课堂达标类作业设计三类。

实践性作业就是教师根据学生学习的情况和生活的经验，为了体现数学知识与生活的联系而设计的具有实践操作性的数学问题情境，然后让学生在具体的生活情境中去解决问题。这种作业可设计语言表述型、推理应用型、分层体验型、单元主题型、文化探索型、问题解决型、评价反思型、周期综合型等类型的作业。

这样做不是为了分类而分类，而是基于这样的考虑：一是数学教学活动要注重课程目标的整体体现。新课标中指出无论是设计、实施课堂教学方案，还是组织各类教学活动，不仅要重视学生获得知识技能，而且要激发学生的学习兴趣，让学生通过独立思考或者合作交流感悟数学的基本思想，引导学生在参与数学活动的过程中积累基本经验，帮助学生形成认真勤奋、独立思考、合作交流、反思质疑等良好的学习习惯。二是数学素养的全面培养。新课标中提出了数学素养的10个核心概念。数学素养培养用作业这一载体仅靠一种或者几种作业方式难以呈现。因其局限性，需要重新建构，让学生在经历抽象、运算、建模、分类、分系、观察、实验、猜想、描述、推理、验证等过程中提高数学素养。三是《中共中央　国务院关于深化教育教学改革全面提高义务教育质量的意见》于2019年6月23日印发，这是党中央、国务院印发的第一个聚焦义务教育阶段教育教学改革的重要文件，是新时代我国深化教育教学改革、全面提高义务教育质量的纲领性文件。该文件明确指出：统筹调控不同年级、不同学科作业数量和作业时间，促进学生完成好基础性作业，强化实践性作业，探索弹性作业和跨学科作业，不断提高作业设计质量。

这样分类的主要目的就是通过类型的设计，创设有助于学生自主学习的问题情境，引导学生通过实践、思考、探索、交流等，获得数学的基础知识、基本技能、基本思想、基本活动经验，促使学生主动地、富有个性地学习，不断提高发现问题和提出问题的能力、分析问题和解决问题的能力，让学生的学习真实发生。

当然在这里也需要说明一点，作业设计类型多样不等于学生把各类型作业全部完成。那样无疑是增加学生负担。根据生活问题情境和学生个性特点等情况灵活选择作业类型才是正确的理解。

一、常规性作业类型设计

这里的常规性作业类型主要包括前置类作业、预习类作业、课堂达标类作业。

1. 前置类作业的设计

随着新课程的不断深入，大多数数学教师都遵循"以学生发展为本"的理念革新课堂教学，课堂教学效果明显，教师教学水平得到了大幅提升。但是，大多数数学教师在小学数学前置类作业的设计方面认识不足，把小学数学前置类作业等同于传统的课前预习，小学数学前置类作业的设计单一、守旧、枯燥乏味，缺乏开放性、可操作性、实践性，且仅限于课本内容，目标不明确，老师的指导不明显，加重了学生的课业负担，制约了学生学习数学的灵活性，扼杀了学生学习数学的积极性，大多数学生是"摸着石头过河"，应付学习，事倍功半。

这里所说的前置类生本作业是人本主义和生本教育理念下的重要表现形式。设计有效的小学数学前置类生本作业就是为了让学生在数学学习中先做后学，给予学生更多自主学习的空间，让每个学生对新知识都有个初步的了解和初步感受，这样学生就能带着有准备的头脑在数学课堂上进行更深入、更细致的学习，更宽泛、更活跃的交流。这样教师的教以学生原有的知识经验和现有的思考来确定教的内容和教的形式，更好地为学生的课堂学习服务。因此，设计小学数学前置类生本作业能激发学生学习数学的兴趣，培养学生的自主学习能力，为学生数学课堂的学习打下基础。

在国外，小学数学前置类作业有效性设计的研究是非常活跃的研究领域。在美国，相关人员对小学数学前置类作业的功能与作用进行了大量的研究，对我们很有启发意义。在国内，郭思乐教授提出了生本教育，指出生本教育不是不要教师，而是使教师变得更加高级、潜在和有力量，通过学生的力量来显示教师的力量。没有教师，学生自发的自学难以优质和高效，教师要从组织教学转向组织学生的学习，从设计教学转向设计学习。教师更大的作用在于"帮学"。教师的"帮学"，很大程度体现在前置性学习的设计和规划上。所以说，没有前置性学习或者前置性小研究，就不是生本课堂。

这里所谈及的前置类作业又称为前置性学习或者前置性小研究，是教师向学生讲授新课内容之前，对新课的教学目标、要求先让学生根据自己的知识水平和生活经验所进行的尝试性学习。而所谓的有效性是指有效果、起作用，能提高教学质量，促进学生的全面发展。

小学数学前置类作业设计时离不开人本主义和生本教育的理念，在内容上不能太多、太具体，要少而精，让学生有更多自主学习的空间，有更多独力思考的空间，为生本课堂的学习打下基础；在知识的层次性上不能固定，要有一定的弹性，做到"差生可以跳舞，好生可以跳高"。小学数学前置类作业的学习既可以引导学生自主学习，积极获取知识，又可以让学生真切地感受到数学就在身边，人类的生活离不开数学。

小学数学前置类生本作业设计具体应注意的问题如下：

（1）在设计小学数学前置类生本作业时要注意弹性的适度把握，使学生有自主选择的空间，学习有一定困难的学生可以完成一些简单的题目，学好基础知识；学习较好的一些学生，可以拓展思维，可以拔高，从更深层次感知新知，以实现异步达标。小学数学前置类生本作业的有效设计要遵循"简约"和"渗透"的原则，"简约"即简单明了，保留课的核心内容，让学生在自主学习中有所思考，有所感悟。"渗透"即让学生提前感知新知。教师要深挖教材，明确把握教学目标，围绕课程的核心内容，设计小学数学前置性学习活动，帮助学生积累足够的数学活动经验，让学生带着有准备的头脑进入课堂学习，为生本课堂的高效学习奠定基础。

（2）根据学生的差异程度，进行分层指导，让不同层次上的学生分别得到相应的关心和帮助，从而克服学习中的障碍，提升自主学习的信心；使优等生在体验帮助学困生的快乐的同时，自主探究，拓展思维，解决更深层次的问题，让不同的学生在数学上得到不同程度的发展。这是值得我们小学数学教师认真反思总结的。具体内容设计上，可针对学生年龄特点和不同年级的内容设计出小学数学前置类生本作业。低年级学生年龄小，认知水平有限，设计的小学数学前置类作业以基础性、趣味性为主，同时让学生养成小学数学前置性学习的良好习惯；中年级学生对知识有了一定的认知与积累，设计的小学数学前置类生本作业以实践调查类为主，同时培养学生自主统计问题的能力、组织调查的能力、实践创新的能力；高年级学生已积累了丰富的经验，有了一定的自学能力，设计的小学数学前置类生本作业应具有综合性，同时培养学生的思维能力和全面解决问题的能力。

综上所述，随着小学数学前置类生本作业有效性设计的深入研究，小学数学前置类生本作业的有效设计应以开放性、趣味性、生活性、可操作性、实践性等方面为研究导向，在调查分析的基础上，设计出合理、科学、有效的小学数学前置类生本作业，让不同层次的学生积极地参与进来，都能自主学习；让学生的每一次自主探究、独立思考，都有收获；让学生的思维能力不断增强，得到不同的发展；让学生感知数学与生活的密切联系，收集处理信息的能力都不断增强；让学生在实践中体验数学学习的快乐，为生本课堂打下良好的基础。

2. 预习类作业的设计

说起预习，大家都不陌生，它是小学生每天必做的一项作业。关于预习类作业设计对于小学数学来说，也有不同的看法，有的教师觉得没有多大必要。其实小学数学预习的作用也是不言而喻的。针对预习的情况，有的放矢地听讲和交流是更具实效性的。它可以使学生自觉主动地学习，能培养学生的自学能力和独立思考能力。学会预习，坚持预习，是提高学习效率、提高分析问题和解决问题能力的有力保障。

但是，一说起预习，往往都是学生处于被动的地位，他们对待预习，也存在一些不良的现象，如缺乏课前预习的积极心态，不愿意独立开展预习，对预习题目不感兴趣等。正是基于以上情况，对于预习类的作业设计，我们在研究时总结出了自主助学单的设计类型。

针对学生在预习作业中存在的问题，教师进行认真分析，开展了自主助学单的设计，以激励学生预习的主动性，让学生积极思维。下面就介绍一下数学自主助学单。

所谓数学自主助学单就是学生自主出题、教师分层指导的全新预习方式。目前，数学自主助学单已形成体系，在实践单位和联盟学校的实践下，可以作为预习类作业设计的一个范式。

下面展示几个自主助学单（表2-3-1~表2-3-4）。

表2–3–1 《百分数》基础型自主学习助学单

	把你收集到的百分数在小组内交流。
交流	<table><tr><td>成员</td><td>生活中的百分数</td><td>你收集到的百分数表示的意思</td></tr><tr><td>1</td><td></td><td>这里的百分数表示（ ）和（ ）相"比"的结果；表示（ ）是（ ）的（ ）</td></tr><tr><td>2</td><td></td><td>这里的百分数表示（ ）和（ ）相"比"的结果；表示（ ）是（ ）的（ ）</td></tr><tr><td>3</td><td></td><td>这里的百分数表示（ ）和（ ）相"比"的结果；表示（ ）是（ ）的（ ）</td></tr><tr><td>4</td><td></td><td>这里的百分数表示（ ）和（ ）相"比"的结果；表示（ ）是（ ）的（ ）</td></tr></table>
总结	通过交流我们发现这些百分数表示的意思有一个相同点，就是：百分数表示（ ）是（ ）的百分之几
比较	说一说百分数和分数在意义上有什么相同和不同。 <table><tr><td>比较</td><td>分数</td><td>百分数</td></tr><tr><td>相同点</td><td></td><td></td></tr><tr><td>不同点</td><td></td><td></td></tr></table>

表2–3–2 《方程的意义》提高型自主学习助学单

我会思考	你能用数学式子把这些关系表示出来吗？ 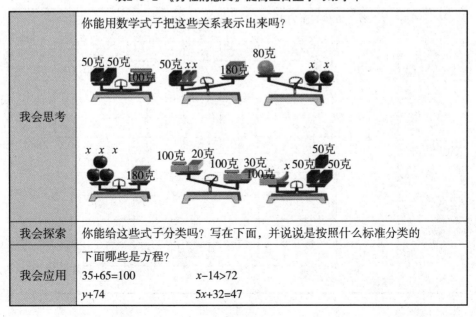
我会探索	你能给这些式子分类吗？写在下面，并说说是按照什么标准分类的
我会应用	下面哪些是方程？ $35+65=100$ $x-14>72$ $y+74$ $5x+32=47$

表2-3-3 《平行四边形面积》研究型自主学习助学单

我会温故知新	一、复习 1.用字母表示长方形的面积是＿＿＿＿＿＿＿＿＿＿。 2.如果一个长方形的长是6厘米，宽是4厘米，它的面积是多少？ 二、探索 1.动手操作：用什么办法推导出平行四边形的面积？ 平行四边形→（　　　　） 2.推导交流：通过动手我发现，平行四边形的底和高与长方形的长和宽有哪些关系？由此可以推导出平行四边形面积与长方形的面积有什么关系？
我会整理总结	如图所示，把平行四边形沿着（　　　　）分成两个部分，通过（　　　　）的方法，可以把这两个部分拼成一个（　　　　）。它和平行四边形相比，（　　　　）变了，（　　　　）没变；它的（　　　　）等于平行四边形的（　　　　），它的（　　　　）等于平行四边形的（　　　　），因此平行四边形的面积=＿＿＿＿＿＿＿＿＿＿。 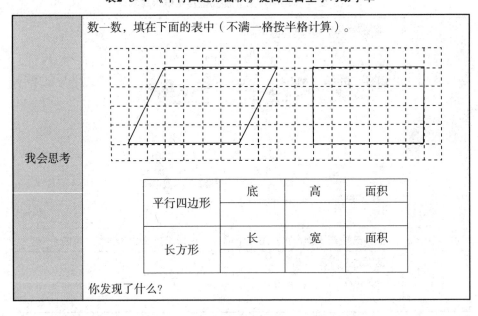 如果用S表示平行四边形的面积，用a表示平行四边形的底，用h表示平行四边形的高，那么平行四边形的面积公式可以写成：$S=$＿＿＿＿＿＿

表2-3-4 《平行四边形面积》提高型自主学习助学单

我会思考	数一数，填在下面的表中（不满一格按半格计算）。

平行四边形	底	高	面积
长方形	长	宽	面积

你发现了什么？

我会探究	把平行四边形转化成_____，（　　　　）变了，（　　　　）没变 平行四边形的底与长方形的长_____，平行四边形的高与长方形的宽_____。 我们得到的结论是： 平行四边形的面积=_____
我会应用	平行四边形花坛的底是6米，高是4米，它的面积是多少？

关于预习类作业设计中的数学自主学习助学单的应用，自从实施以来，取得了较好的效果，原因在于一是数学自主学习助学单将口头作业和书面作业有机结合，形式灵活，便于检测。二是在注重预习的基础上强化了分层，有助于培养学生的预习能力和习惯，提高了学生预习的兴趣，发挥了学生学习的主体性。现在，整个学校及联盟学校90%以上的学生及家长认为做这个作业很有必要，有一半以上的学生非常喜欢这个预习类的数学作业。三是充分体现了探究体验的学习过程，尤其是探究的方法、数学核心素养、数学思想的培养方面，学生能力得到有效提高。

3. 课堂达标类作业的设计

课堂达标类作业的设计就是让学生掌握和提高课堂的知识技能，并希望学生在练习后，对学习产生兴趣，感受学习就是生活。同时对教师来说，也能够减轻批阅的负担，收获与学生心灵的分享和思想的交流。但是也有不尽如人意的地方：学生当堂达标的作业基本上用课间时间来订正，这就不能很好地保证作业的最终目的和效果。为此，针对激发学生学习数学兴趣、提高课堂达标的质量、减轻做题与批阅的负担的目的，我们尝试精简习题的数量，分化题目难易，倡导自主选题。本着分难易、减数量、有指导、无时限、倡奖赏、少订正的原则，我们进行了多次修订，形成了基于学生现状对课堂达标类作业的六点意见：

（1）题目分为四大类：基础题+回答题、基础题+自选题、基础题+拓展题、基础题+探究题。

（2）题目数量控制在3～5个大题。

（3）题目设计多结合教学重点、难点。

（4）达标题以课堂检测为主，与讲课紧密结合。

（5）奖励方式进一步具体化。比如，优秀的免除当日数学作业，其他等次进行徽章奖励等。

（6）订正要求统一规范，基础题在远处订正。其他类型的题目课后完成订正，共同交流。

表2-3-5、表2-3-6是两个课堂达标类作业设计。

表2-3-5 《除数是整数的除法》课堂达标作业

班级	姓名	日期	做题等级	书写等级	订正

1.列竖式计算。

　　72÷15=　　　　　6.3÷14=　　　　　86÷16=

2.下面各题的商哪些是小于1的？在括号里画"√"。

　　5.04÷6　　　76.5÷45　　　45÷36　　　0.84÷28
　　（　　）　　　（　　）　　　（　　）　　　（　　）

3.双休日爸爸带小勇去登山。从山脚到山顶全程有7.2千米，他们上山用了3个小时，下山用了2个小时。上山、下山的平均速度各是多少？你还能提出其他数学问题并解答吗？

☆思维拓展：算一算，填一填。

被除数	1.5	15	150
除数	5	50	500
商			

表2-3-6 《一个数除以小数》课堂达标作业

班级	姓名	日期	做题等级	书写等级	订正

1.填空。

除数是小数的除法计算方法：

（1）移动除数的小数点，使它变成_____。

（2）除数的小数点向右移动几位，_____的小数点也向右移动几位（位数不够的，在被除数的末尾用_____补足）。

（3）按除数是整数的小数除法进行计算。

2.列竖式计算。

　　$2.19 \div 0.3 =$ 　　　　$51.3 \div 0.27 =$ 　　　　$25.6 \div 0.032 =$

☆思维拓展：

根据第一列数填出其他各列里的数。

被除数	273	2730	27.3		0.273
除数	13		1.3	0.13	0.013
商	21	21		21	

二、实践性作业类型设计

在对学生的访谈和调查中我们发现，一提到数学实践性作业，学生就会两眼放光，充满好奇。感觉实践性作业是学生最喜欢的作业类型。因此，这就需要我们数学教师开动脑筋，让学生在实践中去体验数学，去感受数学。

作为课题的研究，从常规性作业到实践性作业，改变的不仅仅是作业的形式，更重要的是教师对数学传统作业的革新与观念的转变。尤其是新高考形式下的数学核心素养的培养和提高的问题，是我们每一位小学数学教师应该亟待思考和解决的问题。教师应有一种时不我待、迫在眉睫的紧迫感，去抓好、落实好这项实践性作业的设计工作。

我们作为小学数学教师要转变那种实践性作业浪费时间，而书面作业经济实惠的观念，将作业看作实践过程中实践能力、合作能力和运用知识能力提升的重要抓手，实践性作业的设计与功能才能发挥其应有的作用。

目前，一些传统的常规性作业已经失去了作业本身的意义，仅仅剩下了检查功能。千篇一律的题目，无一错题的背后折射出了当前教育所蕴含的那种功利的思想。当下的很多常规性作业已经变得一无是处，学生、教师怨声载道。这其实是实践性作业出现的基础和前提。因此，我们小学数学教师要时刻警醒，在设计实践性作业的时候，要始终保持实践性的特点，并不断发现常规性作业中的可实践点，应从前面提到的生本作业的原则入手思考这个问题的答案。基于常规性作业设计实践点的可能性和将知识嵌入实践情境中的认识，并根据数学作业周期性的规律，以及数学核心素养的培养，我们课题组，也做了一些尝试和总结，将涉及的分析、表述、操作、观察、经验、总结等思维形式或方法进行了整合重构，设计了语言表述型、推理应用型、评价反思型、分层体验型、单元主题型、文化探索型、问题解决型、周期综合型等类型的作业。具体交叉可设计操作、观察、论文、辩论、调查、验证、绘图等数学实践性作业。

实践性作业的八大类型具体如下。

1. 语言表述型

《义务教育数学课程标准（2011年版）》中多处提到关于学生表述的要求，如"表述具体情境中的数量关系""描述图形的运动和变化""在参与观察、实验、猜想、证明、综合实践等数学活动中，发展合情推理和演绎推理能力，清晰地表达自己的想法""会独立思考问题，表达自己的想法"等。也就说，用数学语言进行表述或者描述数学活动中的体验和经历也是必须做到的。我们应该改变那种语言表述就是语言学科专属的思想倾向，而应该去设计一些让学生用数学语言进行表述的数学作业。我认为，这种语言表述类型的作业应该从低年级开始涉及。我们都知道，《山东省规范办学行为40条》中明确规定低年级（一至二年级）不准留书面作业。而这种语言表述型的作业也更适合低年级，尤其是设计让父母和孩子一起进行的亲子语言表述型的作业是非常有效的。

那么，什么是语言表述型作业呢？这里所说的语言表述型作业就是让学生在不同的领域、不同的情境中，在参与观察、实验、猜想、证明、综合实践等数学活动的过程中，体验、感受数学的存在与魅力，从而让学生主动尝试用数学语言表达数学见解的一种数学作业类型。简单地说，就是用语言架起数学与现实的联系，也就是把学生原有的知识经验与数学知识融会贯通，用数学语言表述与数学有关的生活情境和问题，从而提升学生的生活经验。

现实生活中有许多问题需要用数学眼光、数学思维、数学语言、数学知识等来进行解决。很多时候，我们在生活中看到的一些问题或者事情其实与数学有着千丝万缕的联系。即使表面上看上去风马牛不相及，却也又有着奇妙的联系。

在这里，为了更好地理解语言表述型数学作业的设计，举个例子。例如，设计的"寻找身体上的数学'秘密'"，让学生回家和妈妈量一量家人身体上的长度单位。其中，刘环宁同学分别就他自己和妈妈选取了脚长、一拃长、脖子一周长、腰围、双臂平伸长、身高等进行测量，通过测量他发现了一些有趣的"秘密"：一个人的身高大约相当于7个脚长，双臂平伸的长度和身高差不多（图2-3-1）。

图2-3-1　学生作业展示

再如，五年级上册《可能性》的学习，可以设计《调查生活中的可能性》作业，收集生活中有关可能性的问题，用"可能、不可能、一定、不一定"表述出来，设计制作成卡片和同学交流，使学生综合运用收集、加工、处理等多种方法完成特定的数学任务，感受数学与生活的联系，培养学生合作交流的能力。教师要关注学生在活动过程中表现出来的兴趣、参与度以及学生的生活经验和知识面。

再有就是为了让学生学会独立思考问题，表达自己的想法，可以设计争做数学"小老师"的作业。这个作业适用于各个年级，既可以在学校完成，也可以在家完成；既可以在课堂上呈现，也可以在课外体现。比如，临沂小学数学团队在2020年1月底至2月初寒假期间组织呈现的寒假餐（一至六年级思维训练"每日一题"数学小老师讲堂）在全市范围内引起了较大的积极影响，学生纷纷在家讲题，当起了小老师。

再如，网络上有一个关于讲题的案例。电视剧《小欢喜》剧中的磊儿是一个标准的学霸，王一笛是他的同学，王一笛的妈妈想让磊儿帮助王一笛补课，而王一笛妈妈为人优越感十足，王一笛本人又是一个比较讨人嫌的孩子。所以，磊儿的姨妈童文洁不赞成磊儿去给她补课，但一贯听话懂事的磊儿却言之凿凿地说："给别人讲题，自己的思路更加清晰。"所谓的思路更加清晰，其实要用到小老师的观察力，即观察学生的学习能力、学习缺陷、学习知识点的漏缺部分、解题步骤的疏忽弱点，还要记忆学生对于知识点哪些是不足的，同时思考怎样才能帮到他，在大脑中建构起一个有效帮助学生的系统网络，从而有的放矢地进行应用和实际操作，给学生提供切实的有针对性的帮助和支持。磊儿劝说姨妈给别人补课，自己的思路更加清晰，这个说法是有道理的。其实给别人讲题或者把题讲出来就是这里所指的语言表述型作业的一种。

还有，在研究进一法时，其实就是根据生产生活中实际装袋的情况进行进一，而不能去尾。课堂中，就可以抓住这一点，让学生用语言表述出为什么进一，通过讲述的方式让学生结合生活实际去理解。

2. 推理应用型

推理是数学的基本思维方式。推理有两种：一是合情推理，二是演绎推理。合情推理就是从已有的事实出发，凭借经验和直觉，通过归纳和类比等推断某些结果。演绎推理是从已有的事实（包括定义、公理、定理等）和确定的规则（包括运算的定义、法则、顺序等）出发，按照逻辑推理的法则证明和计算。经过对大量素材辨析比较、提炼归纳、概括命名的过程而形成的这些定义、法则不仅是需要探究的，其过程更是一种隐性的过程性知识。因此，用怎样的方式学习这些定义、公理、法则，将直接影响着学生对它们的理解程度。

为了更好地理解和运用这些知识，让学生结合自身的经验以图像、语言去推理其过程，去表达对它们的理解，将复杂的数学问题简单化。这可以从两个方面入手：

一是演绎推理应用。可以有意识地利用数学的概念、原理和方法解释现实世界中的现象，解决现实世界中的问题。例如，数学中的对称、百分数、比例、角度、面积、体积、统计概率、平均数等是社会生活中很常用的知识；人口增长率、生产统计图、股票趋势图等不断出现在报刊、电视等大众信息传播媒介中；而像储蓄、债券、保险、面积和体积计算、购物决策等更是人们在生活中不可回避的现实问题。现代社会比以往任何时候都更需要公民运用数学知识去面对生活和工作中的问题。

例如，学生学习了"两点之间线段最短"这一数学知识后，就可以让学生尝试解决"在两个汽车站之间，怎样设加油站的位置使得到两个汽车站的距离最小？"的实际问题。

二是合情推理应用。认识到现实生活中蕴含着大量与数量和图形有关的问题，这些问题可以抽象成数学问题，用数学的方法予以解决，让学生从认识上建立对数学应用的正确理解。

如某商场搞打折销售活动，有两种活动方案：一种是满300元省60元；另一种是直接打7折。如果你想买一种商品，请你制订你的购买方案。对于这一打折销售问题，学生能意识到可以抽象为数学中的折扣问题，然后用百分数的相关知识予以解决。又如，可以让学生做一个"曹冲称象"的实验，抽象出体积（容积）的概念。教师在课内外巧妙设置有一定难度而通过努力又能解决的实验课题，可以激发学生不断探索、求知的强烈欲望，促进他们的知识向纵深方向发展。

还有，学习了二年级上册角的知识，可以设计"做活动的角"的作业，让学生通过操作进一步认识角，同时渗透角的大小的概念，让学生体会角的大小与边的长短无关。教师重点关注帮助学生动态地理解角，关注学生通过操作获取知识的能力情况。这样的操作可以调动学生多种感官参与活动，把学生推向思维活动的前沿，使学生得到自主探索、主动发展的机会。教师应尽可能创造操作实践的机会，让学生在操作活动的过程中去思维、去探索、去学习。

3. 评价反思型

《义务教育数学课程标准（2011年版）》在课程总目标"问题解决"部分提出"初步形成评价与反思的意识"，引导学生在参与数学活动的过程中积累基本经验，帮助学生形成认真勤奋、独立思考、合作交流、反思质疑等良好的学习习惯。由此可以看出，培养学生的评价与反思意识也应该贯穿教学活动始终。

在日常的教学活动中，学生出现这样或者那样的错误是正常的，但是需要我们和学生一起去反思。反思就需要学生经历回顾梳理、分析评价等过程。而表现这一过程的作业就是评价反思型作业。

评价反思型作业可以用灵活的方式记录、保留和分析学生在不同方面的表现。有条理地表现自己的思考过程就是评价反思型作业的主要表现形式。

另外，设置成长记录样式的数学作业，也能很好地记录和反思学生学习数学的情况和成长的历程。《义务教育数学课程标准（2011年版）》中强调：在评价学生的学习过程时，可以采用建立成长记录袋的方式，以反映学生学习数学的进步历程，增强他们学好数学的信心。教师可以引导学生自己在成长记录袋中收录反映学习进步的重要资料，如最满意的作业、最喜爱的小制作、印象深刻的问题和解决过程、阅读数学读物的体会，等等。与以往形式不同、有效的作业应该是开放的，以师生共同建构、创新课程产生的新知识为基础，内容向学生的学习及社会生活触及。因此，设计数学作业时，可采用灵活的方式，让学生利用成长记录袋收集反映自己对数学学习的探索过程与取得的进步的作业。比如设计一个发现数学问题的集锦本，记录每天生活中发现的数学问题。

当然，评价反思型作业的评价主体是多元的，评价方式也是多样化的。比如，一个单元学习后，可以设计一个让学生自我反思的数学作业，让学生自由选择呈现的方式，可以是表格、思维导图、图片，甚至是美篇、PPT等都可以，目的是让学生对自己这一单元的学习进行自我评价。在这个基础上，小组之间或者班级内进行交流，在相互参照中评价数学作业，反思自己的不足或者需要改进的地方。这样的评价反思型作业可以大到一个单元进行专题评价反思作业设计，也可以小到一节课甚至一个知识点的评价反思作业设计。比如，学生学了列方程解应用题出错较多，可以将其中的典型错题公布在班级学习园地、QQ群或者微信群中，然后让学生在班级学习园地或者家中将自己的想法跟贴在后面，让学生在反思中评价，在评价中反思。

再如，在五年级上册学习结束后的寒假里，我根据班级学生对知识点的掌握情况，对学生平时掌握不牢固的知识点进行了详细的梳理，掌握程度高低具体分为A、B、C、D四个等级。A为高掌握度，B为中掌握度，C为低掌握度，D为最低掌握度。其中，设计如下数学作业：第一部分自主学习。①对应表中知识点等级为D需要进一步反思，每天自行在课本中找出一道类似题目进行练习，与对应A一起评价自己的题目。②对应表中知识点等级为C需要复习，间隔一天自行练习一道类似的题目，与对应B一起评价自己的题目。假期全班所有同学根据自己易错的知识点自行编创一份试题。第二部分互助学习。根据自己需要重点复习的知识点，可与本（社区）村的同学、父母、姐妹商讨反思评价方案和商讨问题，以便更好地解决。

4. 分层体验型

当前分层作业存在三个错误倾向：一是表面分层；二是机械分层；三是标签化的分层。比如，在表面分层方面，教师在设计数学作业的时候分基础题、提高题、综合题、拓展题等，普遍认为这样就是分层了。这只是在作业难度上的区分，而在完成作业的过程中，却让全体学生完成，考虑不到学生的差异。即使教师平时布置作业时，让学生按照自己的学习能力自由选择，但是由于家长过分看重成绩，会让学生全部做完，最终导致分层的作用不明显，反而增加了学生的负担，让学生产生厌学、逆反的心理。另外，长期固化的"三六九等"式的机械分层也会让待进生缺少动力，对自己丧失信心。再有，标签化的A、B、C、D的分层也会让学生自认所属类别，在学生中产生阶层化倾向。

那么，什么是分层体验型作业呢？分层体验型作业就是体现以学生为本的原则，在尊重学生个体差异的基础上，根据学生的认知水平、学习能力差异以及个性特点形成有针对性的作业结构，并根据学生一段时间的体验和变化情况适时动态地调整作业结构的一种作业类型。

在设计分层体验型作业的时候，既有统一需要完成的要求，也有不同层次学生因人而异的要求，目的是让不同层次学生的学习在原有基础上获得最大限度的发展。对我们数学教师来说，要了解不同类型学生数学知识点掌握的"最近发展区"将会成为最大的挑战。也只有这样，才能在共同的知识点下设计出不同认知要求的作业内容。

我们研究发现，分层体验型作业应具有四个特点：差异性、优化性、体验性、流动性。我们教师应该把握住这四个特点。为此，有效分层作业的做法就是进行不同认知难度的题目的优化组合，减少每个学生的作业量。这就需要教师在设计作业时，对作业的难度有清晰的认知，对学生在课堂上表现的优化组合要合理。需要注意的一点就是，不要单纯依据题目的难易度进行分层作业设计，而要更多地看到学生的思维方式，注重隐性分组时学生的尝试与体验，鼓励学生用适合自己的方式来完成作业。同时，教师也应该深刻把握对学生隐性分组是随学生变化而变化的，不是一成不变的，是有弹性的、体验性的、递进性的。

分层体验型作业有多种分层的方式，最终的目的都是帮助、促使不同水平的学生有效地完成作业，在原有水平上获得发展。为此，我们开展了小学数学生本作业分层设计的有效性研究，充分关注了小学生的个体差异，结合数学作业难度、作业量、时间等因素进行分层次作业设计，体现差异，最终让不同的学生有不同的发展。小学数学作业有效性应坚持分层精选，从作业量和作业难度两个维度来体现层次性。

我们采用主题设计分层作业的方式，让不同的学生在数学上得到不同的发展。主题设计分层主要体现作业在量上的分层、作业在难度上的分层、作业在年级上的分层、作业在思维多样性上的分层。

（1）作业在量上的分层。

关于作业在量上的分层的问题网络上有这样的表述："作业在量上分层是指可以根据学生的个体情况和对其发展要求的不同进行增减。对于学习能力强、智力发展好、知识掌握较快的学生可适当减少作业量；对于学习态度不够认真、知识掌握不够牢固的学生，适当增加举一反三的作业。"这个观点我是赞同的，在这里也不再赘述。

（2）作业在难度上的分层。

针对学生数学能力有差异的客观事实，着重找准每类学生的"最近发展区"，根据学生层次上的差异把作业设计成相应难度不同的作业，让学生自主选择层次空间，从而使不同发展水平的学生都能较好地参与作业，享受到作业过程中的快乐。这个观点在网上、书籍上也有类似的表述。主要就是难度要根据学生"最近发展区"而设定。

教师在布置作业时，在控制好作业总量的基础上，先设计好适合中等水平学生的中等难度的题目，并将其作为B层作业，在此基础上通过减少简单题，增加开放题、综合题等方式设计A层作业；通过删减难题、增加基础题等方式设计C层作业。学困生先把精力放到基础知识和基本方法上，对难度稍大一些的知识则采取适当降低起点，减缓坡度的方法；对优秀的学生而言，适当拓展有利于发展其观察力、记忆力、思维力和想象力等。

以积的变化规律作业为例,在设计分层作业时,分四种难度出题,四种难度依次增加(表2-3-7)。

表2-3-7 作业表

题目类型	作业设计内容	每类型题目的☆
A	$18 \times 24=$ $(18 \div 2) \times (24 \times 2) =$ $(18 \times 2) \times (24 \div 2) =$	☆
B	$24 \times 75 = 1800$ $(24○6) \times (75 \times 6) = 1800$ $(24○3) \times (75○□) = 1800$	☆ ☆
C	$36 \times 104 =$ $(36 \times 4) \times (104○4) = 3744$ $(36○□) \times (104○□) = 3744$	☆ ☆ ☆
D	$12 \times 20 = 240$ $(12 \times \quad) \times (20 \times \quad) = 4800$ $(12 \div \quad) \times (20 \div \quad) = 40$	☆ ☆ ☆ ☆

这四种难度的题目可以让不同层次(隐性)的学生自由组合选择,从而激励学生进行自我挑战。具体操作中,可以让学生自由组合选择题目来完成4颗星。这样就可以通过规则,实现分层,减轻学生负担,同时也能满足不同层次学生的需求。在完成分层作业的过程中,教师要适时注意学生的选题,并在后续的题目中做出动态调整,以便让学生在原有基础上都有所提高。

(3)作业在年级上的分层。

作业在年级上的分层主要是根据学生的年级进行作业分层。低年级以游戏性作业为主,中年级以实践性作业为主,高年级以综合性作业为主。

(4)作业在思维多样性上的分层。

作业在思维多样性上的分层,一是强化感知,培养思维的独特性;二是求异练习,培养思维的灵活性。

思维的独特性是指用前所未有的新角度、新观点去认识事物,并对事物提出超乎寻常的独特见解,解决他人未能解决的问题,最后创造出独特的产品。例如,下面是用火柴棒摆成的动物图形,显然它的头朝左。你能移动两根火柴棒使它的头朝右吗?( ) 对于这个题,要想使它的头朝右,按习惯性思维要移动3根火柴棒才能完成（ ），但是要求只能移动2根火柴棒。这就需要打破原有的思维定式，从一种独特的角度来想。因此，教师应让学生结合实际来强化感知这个图形，即让学生观察图1，想象实际，找出与使头朝右有关的直接部位。学生很容易想到使头改变方向朝右，不用做整体上的移动，只要移动和改变头的方向。紧接着再放手让学生操作，学生会发现：这样移动（ ）可以使动物的头朝右。

思维的灵活性往往反映一个人对已做出的结论加以改造的可能性，也可能反映一个人在情况分析中克服过去经验的障碍，形成独到的观点和见解；还表现为对已经找到问题的方法的不断改善。像一题多解、一题多问等许多求异练习都能锻炼学生从多个角度提出解决问题方法的能力，培养学生思维的灵活性。

例如，教学"载重汽车每小时行45千米，小汽车的速度是载重汽车的1.4倍。它们从相距162千米的甲乙两地同时出发，相向行驶，经过几小时两车相遇？"这一问题时，在学生解答的基础上，教师还可以提问：相遇时两车各行多少千米？如果出发时是9时25分，相遇时是几时几分？相遇后，载重汽车再行多少千米就能到达乙地？小汽车再行多少千米就能到达甲地？经过两小时后，两车相距多少千米？如果两车继续行驶能同时到达各自所行方向的终点吗？以上是利用一题多问这种形式来引导着学生积极思维，有目的地培养学生思维的灵活性，激发他们的创新思维和培养创新能力。

再如，租船问题。双人船：25元/时，四人船：35元/时。我们7人租2条船吧？玩一个小时，每人要花多少钱？还可以怎样租船？要花多少钱？这道题可能会出现多个方案，如何让学生找到最佳的方案，我们指导学生形成不同方案，并从中找出最佳方案。这样就可以充分利用教材资源，开拓学生的思维空间，让学生体会到生活中有许多数学问题，留心观察，就能发现和提出数学问题。

5. 单元主题型

单元主题型作业并非一种既定的作业形态，而是相对于传统的单课时作业而提出的一种作业概念。单元主题型作业是以提高学生学习兴趣和素养为目的，通常以单元为单元，基于某一主题领域而设计的作业。单元主题型作业可以用于单元学习前，也可用于单元学习之后。

首先，用于单元学习前的单元主题型作业设计。例如，学习《年、月、日》单元之前，可以让学生结合已有的生活经验，尝试制作一份年历。又如，学习《三角形》单元之前，可以让学生寻找生活中的三角形和三角形在生活中的应用。

其次，用于单元学习后的单元主题型作业设计。一是单元主题型应用。例如，学习了《数学广角——植树问题》，为了进一步巩固植树问题，并深化模型思想，可设计单元主题型作业如下：路灯问题、锯木问题、楼层问题，为什么都可以被称为"植树问题"？请举例说明。二是单元主题型梳理。思维导图的自主梳理是一种非常有效地巩固知识的学习方式。在学习了一块知识和一个单元知识后，可以让学生绘制思维导图。通过思维导图的绘制，让学生自主建构知识的网络，让学生养成自主梳理的习惯。三是单元主题型编创。命题编卷是一件难事。不过，可以让学生尝试编制，老师给学生指定选题的资料，帮助学生确定题型和题量，让学生自己编制。编制结束后，让学生自己做完并批改。我们对学生编题的情况进行评价，激发学生编制的兴趣。这三种单元主题型作业的细化，其实在逻辑关系上是一种递进的关系。

6. 文化探索型

《义务教育数学课程标准（2011年版）》中指出"数学文化作为教材的组成部分，应渗透在整套教材中"。也就是说，有关数学文化的教学也应该结合教材在整个义务教育阶段中适时体现。所以，我们这里提到的文化探索就是探索数学发展史或者数学在自然与社会中的应用。而表现这一探索过程的作业，就是文化探索型作业。设置文化探索型作业的目的就是帮助学生了解数学在人类文明发展过程中的作用，激发学生学习数学的兴趣，让学生感受数学家治学的严谨，欣赏数学的优美。

文化探索型作业主要分为两大类：一是数学史探索型；二是数学应用探索型。

数学史探索型作业，我们可以借鉴汪晓勤教授提出的关于数学史在教科书中运用的五种方式：点缀式、附加式、复制式、顺应式、重构式。五种类别分别呈现的内容和功能见表2-3-8。

表2-3-8　五种类别分别呈现的内容和功能表

类别	呈现内容	功能
点缀式	插图，如数学家画像、历史上的测量工具、古代数学著作的书影、反映数学主题的绘画等	以图辅文，图文相配；装饰、美化、人性化
附加式	数学史文字阅读材料，如附于某个主题之后的历史注释、独立成节的专题历史、附于正文之后的历史介绍或人物简介、数学术语的辞源等	追溯历史起源，补充历史知识，提供辅助材料
复制式	直接采自历史的数学问题、问题解法、定理证法等，或作为教材开篇的学科历史溯源	提供数学问题，再现古人智慧，促进数学学习
顺应式	改编自历史上数学问题的习题，或根据历史材料而编制的数学问题，或源于数学史但经过简化的思想方法	提供数学问题，增加探究机会，激发学习兴趣
重构式	借鉴或重构知识的发生、发展历史，以发生的方法引入的数学概念，或借鉴了历史、以符合现代学生认知方式编排的知识	把握认知基础，激发学习动机，促进知识理解

　　根据HPM理论，结合各类型呈现的内容与功能，为了便于指导学生完成作业，我们把数学史探索型作业归纳为再现探索型、辅助探索型、重构探索型。

　　（1）再现探索型。例如，可设计让学生搜集有关介绍负数产生、发展的资料，并介绍负数的产生、发展史。目的是通过搜集资料，使学生知道负数产生、发展的历史，进一步丰富学生对负数的认识；通过对中国古代在负数发展史上的作用的了解，激发学生的民族自豪感。

　　又如，关于"鸡兔同笼"问题。你以前听说过"鸡兔同笼"问题吗？这个问题是我国古代著名趣题之一。1500年前，《孙子算经》中就记载了这个有趣的问题，书中是这样叙述的："今有鸡兔同笼，上有三十五头，下有九十四足，问鸡兔各几何？"这四句话的意思是：有若干只鸡兔同在一个笼子里，从上面数，有35个头；从下面数，有94只脚。求笼中各有几只鸡和兔？你会解答这个问题吗？你想知道《孙子算经》中是如何解答这个问题的吗？这样的设计意图是深化学生对"假设法"的认识，丰富解题策略，深入了解我国古代著名趣题,感受古人智慧。

(2)辅助探索型。例如,除号"÷"是300多年前一个瑞士人首先使用的,用一条横线把两个圆点分开,恰好表示了平均分的意思。让学生试着在课外查阅资料或在网上搜索相关的数学史料,再到课上进行集体交流,让学生感受数学的产生过程和数学家的智慧,培养学生收集、整理数学信息的能力。

(3)重构探索型。例如,圆的周长和面积、多边形的面积等,就适合设计此类型的作业。

7. 问题解决型

所谓问题解决型作业主要针对应用题的解答,即让学生运用所学知识去分析、解决某一类数学问题,从而巩固新知、发散思维的一种数学作业。这种作业注重自主性、分析性,尤其注重分析的过程。当学生完成作业时就把对这部分的数学知识的掌握程度以一种非常灵活的方式表达出来。

(1)应用类。学习的最终目的在于应用。教学中,教师要善于引导学生运用所学知识来解决生活中简单的实际问题,在解决问题的过程中巩固知识、开启心智、训练思维、发展能力。

如学习了二年级上册数学第七单元《认识时间》,可以设计实践作业:我们认识了钟表和时间,知道了时间的重要性,就让我们制定一个作息时间表吧,让我们的日常生活在时间老爷爷的帮助下过得更充实、快乐。

例如"我是小小设计师",如果你家的地面要进行重新装修,你愿意为你爸妈提供一份装修建议表吗?我们可以从下面几个问题来考虑:①算出每个房间的长和宽分别是多少米,每间房间的面积分别是多少。②根据自己家庭的生活条件和自己的爱好,在材料表中选择你需要的材料,算出所需材料的量及所需的钱数。③在客厅、餐厅的四周贴上大理石条,共需要多少米?需要的数据可以上网查询,可求助他人,也可以展开市场调查。再如,1千米的直观表象建模。学生在学校的操场上分组进行,完成走1千米。这样可以让学生对一千米有一个直观表象,通过在操场上走一走用多长时间,具体感知1千米有多长。从而再推广到现实生活中,如走1千米用12分钟,从家走到学校用了12分钟还没到学校,说明家到学校距离1千米多;从家走到学校用不到12分钟,说明家到学校距离不到1千米。再如,从家到超市走了30分钟,走了多少千米?和时间联系,把千米的认识推广到现实生活中,为以后的学习打好基础。教师关注点为学生是否动脑学数学、用数学,能否在这个过程中积累数学活动的经验，体会到学习数学的乐趣，以及在表述操作过程和思维过程中的语言表达能力。

（2）调查类。调查可使学生体验数学与现实生活的联系，训练学生应用数学分析问题和解决问题的能力，让学生具有应用数学的意识，真正体验到数学是有用，如：①一个滴水的龙头一天会浪费多少水？调查一下水价及你自己家每个月的用水量，计算一下按照这个滴水速度，一个滴水的龙头一年浪费的水够你家用多久？②调查你们组的同学每天睡多长时间（表2-3-9）。

表2-3-9　调查表

时间	不到10时	达到10时
人数		

引导学生运用以前收集、整理数据的方法进行调查，对统计结果进行分析，如这个年龄段的大多数孩子每天的睡眠时间为多少，睡眠时间与成绩、身体的好坏有没有关系等。

在小学数学教材中让学生调查的素材很多，如储蓄的利息、商品的价格、乘车的时间等都可组织或安排学生去调查，让学生在调查中获取有关信息。

（3）操作类。操作可以调动学生多种感官参与活动。例如，学习了《长方体和正方体的表面积》后，可设计"包装磁带盒"的实践题：给每个学习小组提供4个磁带盒，让学生解决包装问题：4盒磁带可以怎样包装？怎样包装更省包装纸？让学生通过现场操作，加深对长方体、正方体表面积的认识和理解。

（4）实验类。实验是一种有目的、有计划、有步骤，自己动手的探究活动。通过实验可以巩固知识点，拓宽知识面。例如，学生在五年级学习《可能性》之前，可以布置"掷骰子"游戏，让学生通过实验感受"可能"和"不可能"，"一定"和"不一定"。学习《可能性》之后，可以再让学生通过"掷骰子"游戏设计并表述一个规定的游戏规则，并说明设计意图。

8. 周期综合型

这里所说的周期综合型作业主要是指以项目认领、主题问题、任务驱动为载体，通过学用结合，采取多种互动方式，来解决实际问题，以养成良好数学学习习惯的一种作业类型。周期综合型的作业有三个特点：一是时间跨度长，也许是一周或者一个月，甚至一个暑假，等等；二是以主题任务驱动为载体，需要学生花上一番功夫，围绕一个大主题来展开的综合型作业；三是能锻炼学生意志力。另外，周期综合型作业还应该重点遵循本书中第二章第二节设计原则中的生本性原则、品质性原则、体验性原则、关联性原则、参与性原则。在具体分类上，可以细分为项目式、建构式、综合式等。这些类型的作业更适合作为寒暑假期，如五年级数学暑假（周期综合型）生本作业，见表2-3-10。

表2-3-10 五年级数学暑假（周期综合型）生本作业

类别	内容	说明
复习梳理构建网络	绘制思维导图：把学过的五年级下册每一个单元做一个思维导图，包括总复习。纸张8开或者4开	可引导学生对本学期已学的知识自主梳理知识网络，并收集自己不太理解的、掌握不够好的题目，制作成例题集，有利于今后有针对性地学习，并对学生进行学习方法的指导
合作探究分层拓展	1.收集日常生活中出现的分数和百分数。在哪些情况下，人们通常使用百分数？什么时候使用分数？（以1篇数学日记的形式做好记录） 2.了解降雨量的相关知识，并对一星期内的降雨量进行统计和分析，且以1篇调查报告的形式呈现出来。 3.试着测量身边圆形物体的周长（方法不限），最好以数学小论文的形式呈现。 4.结合找次品在生活中的应用完成 篇"找次品"的设计方案	结合下学期的学习内容，找到本学期知识的延伸点，学生能够根据已有的知识进行一些探究性的研究，为新知的学习积累一些经验；或是对本学期的知识进行拓展、延伸的探究性作业
动手操作想象创作	1.利用旋转、平移、对称设计一幅美丽的图案。（设计在A4纸上，图案要隐含旋转、平移、对称三种现象，完成一幅作品。） 2.办1张图文并茂的数学手抄报或者数学剪贴报，内容可以是数学故事、数学家的故事、数学趣题、数学知识介绍、数学谜语、数学名言、数学歌谣、数学幽默以及假期里你的体验、感受和收获等，版面为8开或者4开纸大小	根据本学期的学习内容设计一些学生动手操作的题目，让学生创作一些作品

类别	内容	说明
亲子生活技能体验	1.记录家中一个月的水、电、煤气、电话等费用单，制作统计表或折线统计图，根据实际情况进行分析，并向家长提出合理支出的建议。 2.暑假期间，如果全家人大聚会，请根据家庭人数，尽快通知到每一个家庭成员，如果用打电话的方式，每分钟通知1人，请帮助长辈设计一个打电话的方案。 3.有条件的话，与父母一起制定旅游（研学）行程，计算路程，估计时间，选择交通工具，记录行程中采购的预算和支出清单，记录行程中的感受（选做）	根据学科特点、地域特点、环境条件以及学生的个性特点，需要家长积极参与、指导帮助孩子投入实践活动，增强活动实效
文化积累阅读写作	1.收集趣味数学题或一些自己喜欢的数学家的故事。 2.通过各种渠道，查找阅读有关数学家、数学童话故事、趣味数学等方面的课外书籍（阅读1~2本），并写出阅读体会。希望你的数学书籍阅读体会不只是给大家介绍一些有趣的故事，还要告诉大家通过阅读你明白了什么道理。 3.结合假期里的实践、体验、感受和收获，每周写1篇数学日记	适合学生年龄段的有关数学家、数学童话故事、趣味数学等方面的课外书籍；写一些数学日记、读书笔记或观察日记等

数学知识来源于生活，生活中处处有数学。教学时，教师要尽可能结合学生的日常生活，设计应用性的实践题；可以从报纸、电视、广播、广告牌中发现数学信息，尽可能设计形式多样的实践题，可以是文字的、图表的、声音的；鼓励学生接触各种实际问题，参加课内外数学实践活动。

学习兴趣是学习动机中一个最活跃的因素，这样将布置的数学作业从写的单一形式中走出来，将数学知识融入生动有趣的活动，与画画、游戏、制作、参观、访问等学生喜闻乐见的形式巧妙结合，让数学作业变得更生动、有趣，使学生一看到数学作业的内容就跃跃欲试，成为一个学习数学的热情者和主动者。

第四节 内容架构

前面提到了小学数学生本作业设计原则、类型范式，那么怎样具体落实到小学数学课程内容上呢？想必这是一个大家都非常关心的问题。这一节将对小学数学生本作业设计的类型与数学课程具体内容结合起来系统呈现，便于大家参考借鉴。

为了体现小学数学生本作业设计的操作性和系统性，我们根据《义务教育数学课程标准（2011年版）》中包含的数与代数、图形与几何、统计与概率、综合与实践四大部分，结合人民教育出版社小学数学教科书各年级的编排内容，参照人民教育出版社、课程教材研究所、小学数学课程教材研究开发中心编著的义务教育小学数学教科书配套的教师教学用书，参考借鉴了刘善娜老师对探究性作业体系支架的编排体例，重组整理了整个小学段的数学生本作业设计内容架构。这个内容架构涵盖了四大领域、各个年级，其中"数学广角"是人教版小学数学教材的一个特色。在此，我们也进行了单独的设计。基于此，小学数学生本作业设计的内容框架具体分为五部分，分别是数与代数、图形与几何、统计与概率、综合与实践、数学广角，见表2-4-1～表2-4-5。这些与年级教学内容结合而设计的作业类型及切入点，不单单是作业，还是课堂教学中的一些设计。因此，在使用的时候结合自身需要和学生实际，可灵活安排在课前、课中或课后等。

表2-4-1 第一部分数与代数部分

年级	单元	内容	适合的作业类型及设计切入点	重点关注的数学素养
一年级上册	一	准备课	可设计语言表述型作业，让学生用数学的语言表达学校的生活，和父母交流对"同样多""多""少"等含义的理解	让学生了解计数的基本方法，会用语言表述，体验一些具体的比较方法

年级	单元	内容	适合的作业类型及设计切入点	重点关注的数学素养
一年级上册	三	1~5的认识和加减法	设计推理应用型作业，让学生知道大于号、小于号、等于号、加号、减号等符号，并会运用。对"分合"有具体的理解和直观的感受。还可设计语言表述型作业，让学生用数字表示并交流日常生活中的一些事物	感受数学与生活的联系，培养数感，建立数字模型
一年级上册	五	6~10的认识和加减法	可设计问题解决型作业，用10以内的加减法解决生活中的简单问题	感受数学与生活的联系，体验学数学、用数学的乐趣
一年级上册	六	11~20各数的认识	设计文化探索型作业，让学生知道十进制，并理解十进制的由来和运用十进制。可设计评价反思型作业，在解决"之间有几个"的问题时继续体验解决问题的过程	用数数的方法解决简单的"之间有几个"的问题，为理解"植树模型"积累基本活动经验
一年级上册	七	认识钟表	可设计语言表述型作业，让学生在各个时间节点上用语言表述，感受数学与生活的联系。还可以设计问题解决型作业，让学生制定自己的作息时间表，并遵守	建立时间观念，培养学生的观察能力和执行能力
一年级上册	八	20以内的进位加法	可设计评价反思型作业，让学生结合具体的计算，理解"凑十法"等。还可设计语言表述型作业，让学生口述生活中的一些数学问题，为应用题的理解打下基础	用加法解决简单的实际问题，并让学生学会用语言表述简单的数学问题
一年级下册	二	20以内的退位减法	可设计评价反思型作业，让学生掌握20以内退位减法的基本方法，理解退位减法的算理。可设计问题解决型作业，让学生体会退位减法在生活中的应用。可设计语言表述型作业，让学生描述退位减法的数学问题	让学生学会看图理解图意，学会用数学语言表述数学问题，学会编制简单的加减法应用题，掌握简单应用题的基本结构

续 表

年级	单元	内容	适合的作业类型及设计切入点	重点关注的数学素养
一年级下册	四	100以内数的认识	可以设计推理应用型作业，让学生明确数的读法和写法。可以设计评价反思型作业，学习个位、十位的数所表示的意义。可以设计分层体验型、评价反思型、语言表述型作业，加深学生对100以内的数的认识，并让学生简单地估计和交流，进一步巩固数位的位置的概念	通过数数游戏等方式让学生在具体的情境中学会解决问题，发展学生的数感，培养学生解决问题策略的多样性，提高学生解决问题的能力
一年级下册	五	认识人民币	结合生活情境，可设计语言表述型作业，在具体的情境中体验消费。可以设计问题解决型作业，让学生在应用中学会简单的计算。还可设计文化探索型作业，让学生了解简单的货币文化，知道爱护人民币	让学生学会人民币单位间的换算，并解决简单的实际问题，同时在体验中进行思想教育，让学生感受数学中的货币文化
一年级下册	六	100以内的加法和减法（一）	可以设计评价反思型作业，让学生学习计算，并理解算理。可以设计问题解决型作业，让学生提出数学问题，体会数学的价值	让学生学会获取有用的数学信息，并正确运用计算来解决问题
一年级下册	七	找规律	可以设计语言表述型作业，让学生通过观察、实验、猜测等来表述生活中的规律。可以设计问题解决型作业，锻炼学生的发散思维。还可设计文化探索性作业，让学生感受数学的规律美	认识稍复杂的图形变化规律，并能做出猜想，培养学生初步的观察能力、数学表征能力和推理能力，初步培养学生欣赏数学规律美的意识
二年级上册	二	100以内的加法（二）	设计评价反思型作业，对两位数加两位数进行思考。可设计问题解决型作业，让学生解决一些简单的实际问题	感受两位数加两位数与两位数加一位数和整十数的联系，体会数学价值

年级	单元	内容	适合的作业类型及设计切入点	重点关注的数学素养
二年级上册	四	表内乘法（一）	可设计推理应用型作业，让学生理解乘法运算的意义。设计评价反思型作业，让学生经历编制乘法口诀的过程，知道乘法口诀是怎么来的。设计语言表述型作业，用画图、语言叙述等方式表征理解问题和分析问题的过程。还可设计文化探索型作业，让学生感受同数连加的简洁性，感受语言文字在乘法口诀中的独特魅力	让学生经历探索的过程，使学生感受到用乘法表示同数连加的简洁性，感受数学文化的魅力，培养学生认真观察、独立思考的学习习惯
二年级上册	六	表内乘法（二）	可设计评价反思型作业，学生经历编制乘法口诀的过程，并记忆乘法口诀。可设计推理应用型作业，让学生类推编制乘法口诀。可设计问题解决型作业，让学生用乘法解决简单的实际问题	通过记忆乘法口诀的活动，形成评价与反思的意识，体验成功的乐趣，培养类比推理能力、解决问题的能力
二年级上册	七	认识时间	可以设计语言表述型作业，让学生结合具体的时间情境来表达时分的时间感，体会时间与经过时间的差异。可设计问题解决型作业，运用时间的有关知识解决一些简单的实际问题。还可设计推理应用型作业，让学生进一步学习观察、比较的方法	这块内容与学生生活经验息息相关，可以在课后让学生结合自身经验总结提升，感受数学就在自己身边，培养学生推理能力，珍惜时间、合理安排时间的习惯
二年级下册	二	表内除法（一）	可设计推理应用型作业，让学生对平均分的概念进行具体化，以及了解除法在生活中的意义。可设计评价反思型作业，让学生梳理思考除法的算理，自主探索、合作交流。还可设计语言表述型作业，让学生用画图、语言叙述等方式表征理解问题和分析问题的过程	理解用乘法口诀求商的思路，掌握用乘法口诀求商的方法。培养解决问题的能力，同时培养认真观察、独立思考等良好的学习习惯
二年级下册	四	表内除法（二）	可设计评价反思型作业，让学生经历求商的过程。可设计问题解决型作业，让学生用除法解决简单的实际问题。还可设计推理应用型作业，运用迁移的方法学习新知	会用除法解决与数量相关的实际问题，培养解决问题的能力，体验成功的乐趣

年级	单元	内容	适合的作业类型及设计切入点	重点关注的数学素养
二年级下册	五	混合运算	可设计推理应用型作业,让学生归纳混合运算的步骤与方法。可设计评价反思型作业,学生思考混合运算的方法和策略。还可设计问题解决型作业,让学生体会一个问题需要多个步骤解决,以及解决问题的思路	使学生在解决问题的过程中学会用图表分析数量关系,经历解决问题的完整过程,培养提出问题、分析和解决问题的能力
二年级下册	六	有余数的除法	可设计评价反思型作业,学生思考有余数除法的计算过程和方法。可设计问题解决型作业,学生经历有余数除法解决问题的过程,体会"至少"的意义	通过观察、操作、对比等活动,使学生理解并掌握含义、方法,体会解决问题策略与方法的多样性,培养学生的全面思考意识、运算能力,让学生初步感受数学与生活的联系
二年级下册	七	万以内数的认识	可设计文化探索型作业,让学生经历数数的过程,体验数的产生和作用,感受数学的简洁。可设计语言表述型作业,让学生用符号和词语描述万以内数的大小,表示日常生活中的事物。可设计问题解决型作业,学生在实际情境中选择恰当的方法进行简单的估算。还可设计单元主题型作业,以数据为主题,发展学生数感	通过具体的实例,让学生感受万以内数在生活中的应用,形成数感,积累解决问题的基本经验
二年级下册	八	克和千克	可设计推理应用型作业,让学生巩固千克和克的概念,估量物体质量,体会学习质量单位的必要性。可设计语言表述型作业,培养学生的估量能力	通过建立概念,培养学生的表述能力,进一步培养学生的数感
三年级上册	一	时、分、秒、	可以设计语言表述型作业,让学生结合具体的时间情境来表达时、分、秒的时间感,体会时刻与经过时间的区别与联系	这块内容与学生生活经验息息相关,可以在课后让学生结合自身经验总结提升,感受到数学就在身边,初步建立时间观念,培养估计意识

年级	单元	内容	适合的作业类型及设计切入点	重点关注的数学素养
三年级上册	二	万以内的加法和减法（一）	可设计评价反思型作业，学生对计算题进行分析，提高计算、估算、解决问题的能力。还可设计问题解决型作业，学生根据具体情况选择适当方法解决实际问题	培养学生的估算意识和能力，利用学生的好胜心理，让学生自己思索克服错误的秘籍，提升利用错误的能力，体验解决问题策略的多样性
三年级上册	三	测量	可设计语言表述型作业，测量生活中物体的长度、质量并表达测量过程中的发现、感悟。也可以设计周期综合型作业，让学生将各种计量单位进行梳理沟通。还可设计问题解决型作业，让学生感受数学与生活的联系	经历实际测量的过程，会选择合适的单位及工具进行测量，体验与他人合作交流解决问题的过程
三年级上册	四	万以内的加法和减法（二）	可以设计推理应用型作业，学生经历计算法则的形成过程，优化自己的算法，结合情境选择计算策略。可以设计评价反思型作业，学生通过错题分析提高计算、估算、解决问题的能力	让学生分析错题，思考错因，思索克服错误的秘籍，更好地掌握解决问题的方法，初步养成检查和验算的习惯，培养估算意识和能力
三年级上册	五	倍的认识	可以设计问题解决型作业，让学生通过画图表达倍数的关系，建立倍的概念	培养读图绘图能力，能用图形表达对"倍"的理解，对几倍与"几个几"有更深的理解，培养几何直观、渗透模型思想
三年级上册	六	多位数乘一位数	可以设计问题解决型作业，通过算理的分析更好地掌握计算方法，如"连连看"。也可以设计评价反思型作业，对计算错例进行分析	通过数形结合分析算理，通过完整地表达计算过程进一步理解算理、掌握算法，培养表征能力，提高解决问题的能力

续　表

年级	单元	内容	适合的作业类型及设计切入点	重点关注的数学素养
三年级上册	八	分数的初步认识	可以设计推理应用型作业，让学生通过画一画、圈一圈、分一分的方式进一步认识分数，从而能初步比较分数的大小、解决简单的分数问题。可设计文化探索型作业，结合具体情境，让学生感受分数的产生过程，体验分数在实际生活中的应用和价值	发展学生读图绘图能力，数形结合，让学生展示分数大小比较的分析过程，让学生感悟数形结合的数学思想和方法，发展数感
三年级下册	二	除数是一位数的除法	可以设计问题解决型作业，让学生理解算理。可设计周期综合型作业，让学生对本单元的计算方法进行小结	本单元有着承上启下的作用，一是在表内乘除法的基础上进行教学，二是两位数除法的基础。算理的理解、算法的掌握都至关重要，可以结合"形"的支撑提升学生的学习兴趣
三年级下册	四	两位数乘两位数	可以设计问题解决型作业，学生可以通过写一写、画一画表达出对算理的理解，也可以通过连乘连除等算式编写数学故事	关注模型思想的渗透。两位数乘两位数的算理理解很重要，连乘连除这类数学问题更需要模型化
三年级下册	六	年、月、日	可设计推理应用型作业，用两种计时法进行比较。可设计周期综合型作业，对各时间单位关系进行梳理。还可设计文化探索型作业，让学生对年、月、日的相关知识进行探索，感受数学文化的魅力	通过举例、对比、辨析相关概念之间的联系和区别，进一步掌握概念，并培养对比分析的能力，建立时间观念，养成爱惜时间的意识，感受数的美
三年级下册	七	小数的初步认识	可设计推理应用型作业，让学生用多种方法进行一位小数的大小比较。可设计文化探索型作业，让学生了解小数。还可设计语言表述型作业，让学生结合情境和几何直观，表述日常应用	学生用各种图示表示小数的大小的过程，就是进一步理解一位小数的过程，培养几何直观能力

年级	单元	内容	适合的作业类型及设计切入点	重点关注的数学素养
四年级上册	一	大数的认识	可以设计语言表述型作业，学生搜集并表述生活中的大数，归纳读数、写数的方法。可设计文化探索型作业，让学生探索古人计数的方法、计数符号的产生和发展等，探索计算工具的发展历程等	学生对大数的认识有一定的生活经验，读写要点结合对生活中大数的解读来突破，进一步发展数感。学生对计算工具的发展历程、计数方法以及计数符号的产生、发展进行探索，感受数学文化
四年级上册	四	三位数乘两位数	可设计推理应用型作业，让学生经历探索"积的变化规律"的过程。可以设计评价反思型作业，让学生对错题进行分析。可设计问题解决型作业，让学生举例描述速度、时间、路程以及单价、数量、总价的关系	强化与乘法相关的常见数量关系的学习，注意对数学规律或者数学模型的结构化提炼
四年级上册	六	除数是两位数的除法	可设计问题解决型作业，让学生分析判断商是几位数。可设计推理应用型作业，让学生举例说明商的变化规律。可设计评价反思型作业，让学生分析错题	除数是两位数的除法计算中试商难度加大，充分让学生经历探索、发现、总结计算方法的过程，培养学生灵活解决问题的意识和能力
四年级下册	一	四则运算	可设计推理应用型作业，揭示有括号的四则运算的顺序，让学生感受"规定"的合理性。可设计问题解决型作业，如分三步计算的数学问题。可设计评价反思型作业，让学生分析错题。还可设计单元主题型作业，引导学生用图表整理四则运算的意义、运算间的关系、混合运算的顺序	体现运算顺序的"规定性"，关注学生利用错误能力的提升，关注学生三步计算的问题模型建构，让学生感受解决问题的一些策略和方法
四年级下册	三	运算定律	可设计推理应用型作业，让学生作图表达乘法分配律。可设计问题解决型作业，让学生结合具体情况，灵活选择算法	以数形结合来突破乘法分配律这一个难点，培养学生的数学模型思想，发展思维的灵活性

续 表

年级	单元	内容	适合的作业类型及设计切入点	重点关注的数学素养
四年级下册	四	小数的意义和性质	可以设计语言表述型作业，让学生解说生活中小数的意义。可设计问题解决型作业，如在生活实际中理解6和6.0的区别	培养学生借助数形结合掌握概念的能力，让学生通过作图描述理解小数的意义
四年级下册	六	小数的加法和减法	可以设计语言表述型作业，让学生到书店、超市调查喜欢的图书或物品的价格，用数据描述超市购物之旅。可以设计评价反思型作业，让学生进行错题分析	结合生活实际加强算理、算法的理解和巩固，发展学生数感，增强学生计算的灵活性
五年级上册	一	小数乘法	可设计推理应用型作业，让学生探究积的小数点的定位、计算方法，理解算理，解释算法的过程。可设计评价反思型作业，让学生进行错题的分析	让学生体会转化的数学思想，要针对计算技能层面重点提升并发展学生反思错误、分析策略、迁移类推的能力
五年级上册	三	小数除法	可以设计评价反思型作业，让学生进行错题的分析。可设计问题解决型作业，让学生分析估算策略	通过对错题的分析来突破计算难点，通过估算策略的自我小结更好地掌握估算技能
五年级上册	五	简易方程	可设计推理应用型作业，让学生认识方程，了解天平原理，理解等式的性质，获得数学建模的体验。可设计文化探索型作业，加深学生对方程的认识。可设计问题解决型作业，选取生动、富有意义的现实题材进行设计	学生进一步掌握方程的概念，只有在理解方程特征的基础上才能理解等量关系，关注由具体到一般的抽象概括过程，有意识地关注数学的思想方法
五年级下册	二	因数与倍数	可设计语言表述型作业，如怎么找28和48的因数的？让学生讲一讲。可设计问题解决型作业，让学生推导奇偶性，探究4和9的倍数的特征。还可设计文化探索型作业，让学生探究"完全数""哥德巴赫猜想"	借由特征的探究推导，进一步巩固提升数学分析的能力，发展抽象能力与推理能力

年级	单元	内容	适合的作业类型及设计切入点	重点关注的数学素养
五年级下册	四	分数的意义和性质	可设计推理应用型作业，让学生利用数形结合思想理解分数的意义。可设计文化探索型作业，让学生探究古人"约分术"。可设计分层体验型作业，让学生尝试体验利用分解质因数的方法，求两个数的最小公倍数	分数的抽象性一定要借助直观图形来突破，让学生感受数学文化的魅力，分层体验解决问题，体会数学与生活的联系
五年级下册	六	分数的加法和减法	可设计问题解决型作业，学生通过画图来理解分数加减法的算理。可设计分层体验型作业，让学生感受"有趣的三角"和七巧板里的分数	借助画图打通相同计数单位才能相加减的算理，理解同分母、异分母分数加减法算理。在分数加减法计算中，感受数学的美
六年级上册	一	分数乘法	可设计推理应用型作业，让学生经历探索过程。可设计问题解决型作业，让学生利用数形结合思想理解算理，利用对比性解题练习，归纳解题策略。还可设计文化探索型作业，让学生探究古人对分数乘法的应用	关注学生问题解决能力的培养，让学生多归纳解题的策略，提升解决分数问题的能力，发展初步的合情推理能力和演绎推理的能力
六年级上册	三	分数除法	可设计评价反思型作业，让学生对错题进行对比分析。可设计问题解决型作业，让学生将解题方法进行分析和归纳。可设计文化探索型作业，让学生探究五线谱的音符用分数表示	关注模型建构，将乘除法对比剖析，让学生进一步掌握问题的结构特征，掌握解决问题的方法，体会模型、方程、数形结合等数学思想
六年级上册	四	比	可设计推理应用型作业，让学生理解运用比。可设计周期综合型作业，让学生梳理比和分数、除法的关系。可设计问题解决型作业，学生利用对难题的对比分析进一步理解比的意义，并应用到生活实际中。还可设计文化探索型作业，让学生探究"黄金比"	培养从联系的角度解决问题的能力，沟通比和分数、除法的关系，融会贯通解决问题，体会数学知识之间的内在联系，感受数学的美

续 表

年级	单元	内容	适合的作业类型及设计切入点	重点关注的数学素养
六年级上册	六	百分数（一）	可以设计语言表述型作业，让学生会用百分数表述生活中的一些数学现象，如成语里的百分数。可设计推理应用型作业，让学生把分数的有关知识和技能迁移到百分数。还可设计文化探索型作业，让学生探究恩格尔系数	百分数在生活中应用广泛，理解身边的百分数，有助于解决与生活息息相关的百分数问题，同时在迁移类推中体会类比的数学思想
六年级下册	一	负数	可设计语言表述型作业，让学生寻找表述生活中的负数，如温度中的负数、存折中的负数。可设计推理应用型作业，让学生通过举例等方式理解负数，理解正数、负数的划分标准。可设计文化探索型作业，让学生探究古人使用负数	通过图像和语言，借助生活的例子进一步理解正负数的相对性，体会数形结合思想
六年级下册	二	百分数（二）	可设计语言表述型作业，让学生搜集生活中的折扣、成数问题并进行交流。可设计问题解决型作业，模拟场景，利用学习的折扣、利率等知识解决实际问题，如设计促销方案	提升学习概念的能力，立足生活经验，理解并解决百分数问题，提高解决有关百分数的实际问题的能力
六年级下册	四	比例	可设计推理应用型作业，让学生借助图形理解正、反比例的含义。可设计问题解决型作业，让学生解决比例在生活中的应用问题。如电脑设计中同一图形的放大与缩小	让学生用自己的话表述图像所表达的关系，将知识模型化，体会数形结合思想、函数思想

表2-4-2 第二部分图形与几何部分

年级	单元	内容	适合的作业类型及设计切入点	重点关注的数学素养
一年级上册	二	位置	设计语言表述型作业，学生会用"上、下、前、后、左、右"描述物体的相对位置	让学生感受上下前后左右的相对性
一年级上册	四	认识图形（一）	可设计语言表述型作业，让学生对生活中的实际物体进行分类，用语言表述，感受数学与生活的联系。还可设计问题解决型作业，让学生在生活中寻找组合图形中的图形	建立空间观念，学会观察、想象、表象思维，培养语言表达能力

年级	单元	内容	适合的作业类型及设计切入点	重点关注的数学素养
一年级下册	一	认识图形（二）	可设计语言表述型作业，让学生把生活中的图形用语言进行表述和描述。可设计问题解决型作业，让学生用七巧板拼摆几个长方形。可以设计评价反思型作业，让学生通过拼摆反思七巧板可以拼摆出变化万千的图案	通过观察、操作，学生直观感受平面图形的特征，并能用自己的语言描述长方形和正方形的特征。学生通过大量拼摆图形发现图形由简单到复杂的变化，感受图形的美及图形之间的关系
二年级上册	一	长度单位	可设计语言表述型作业，让学生从生活中找出厘米、米，用数学语言去描述生活中所用到的长度	让学生建立长度单位观念，尝试估测物体的长度，初步培养学生估量物体长度的意识和能力
二年级上册	三	角的初步认识	设计语言表述型作业，让学生描述生活中的角。还可设计问题解决型作业，让学生动手操作拼摆图案	结合生活情境及操作活动，让学生运用角的知识解决简单问题，让学生从数学的角度去观察周围的世界
二年级上册	五	观察物体（一）	可设计语言表述型作业，让学生经历观察、操作、想象的活动，用语言叙述观察物体的过程	全面、正确观察物体，感受局部与整体的关系，初步形成全面看待事物的意识
二年级下册	三	图形的运动（一）	可设计语言表述型作业，让学生表述生活中的平移、对称，感知旋转现象。可设计问题解决型作业，让学生利用学到的平移、对称知识，去制作对称图案	让学生在表述、动手操作的过程中感受生活中的平移、旋转，并掌握平移、旋转的应用，感受数学美
三年级上册	七	长方形和正方形	可以设计推理应用型作业，让学生自己画图、分类，再算周长。可设计分层体验型作业，根据长方形、正方形的周长分层设计呈现问题	在课堂探究的基础上，将有关概念在学生自我理解的基础上予以表征，使学生对周长的概念有更深入的理解，发展学生的空间观念和推理能力

年级	单元	内容	适合的作业类型及设计切入点	重点关注的数学素养
三年级下册	一	位置与方向（一）	可以设计语言表述型作业，让学生画一画简单的校园方向图，并归纳在生活中找方向的秘诀	通过找生活中的位置与方向，进一步发展空间观念
三年级下册	五	面积	可设计推理应用型作业，利用面积与周长的概念设计，同时可探索长方形和正方形的面积。也可以设计语言表述型作业，让学生测量生活中的"面"的大小，并用数学语言表述	面积是二维度量概念，需要与一维的周长进行对比深化，也需要通过测量和计算理解面积测量的本质，逐步培养学生分析和解决问题的能力
四年级上册	二	公顷和平方千米	可以设计语言表述型作业，如找生活中的1公顷等描述汇报的作业。可设计分层体验型作业，如观察想想类活动、测量类活动、调查类活动等，让学生体验其大小，积累经验	地积单位因为过大而变得异常抽象，需要学生亲历感知的过程，测量教室面积或者组织徒步远足类活动，可使学生有效积累对其大小认知的基本经验
四年级上册	三	角的度量	可以设计问题解决型作业，让学生研究简易量角器，寻找量角器上的角。也可以设计语言表述型作业，让学生表述分析生活中的角	关注经验的沟通，将学生角的测量与长度、面积的测量经验打通，能使学生更好地掌握量角的技能
四年级上册	五	平行四边形和梯形	可设计推理应用型作业，让学生猜一猜是哪种四边形，并表达猜想的过程或者让学生选择材料拼画图形，加深学生对图形特征的认识。可设计语言表述型作业，让学生尝试用自己的语言概括画图的步骤和方法	借助生活实物或原型分别引出平行四边形和梯形，让学生思考怎样测定立定跳远的成绩等，体验数学与生活的联系，增强数学应用意识
四年级下册	二	观察物体（二）	可设计推理应用型作业，让学生画出简单的透视图，认识到从同一位置观察不同物体，看到的形状可能相同也可能不同	学画简单透视图，有利于观察后的表达，也有利于后续立体图形的学习，培养学生的空间想象能力和推理能力

三味数学

『生本作业』让学习真实发生

年级	单元	内容	适合的作业类型及设计切入点	重点关注的数学素养
四年级下册	五	三角形	可设计推理应用型作业,让学生辨认三角形,在边数增加变化中感悟数学研究方法,发现多边形内角和的规律,渗透合情推理。可设计问题解决型作业,让学生根据一个角的度数猜测是哪种三角形,如猜测分析不规则图形的内角和	关注推理分析能力的培养。通过让学生猜测进一步理解三角形的特征,为后续的三角形类型的判定、三角形求角度等练习打下基础,培养学生观察、操作、想象、推理与表达的能力
四年级下册	七	图形运动（二）	可以设计问题解决型作业,让学生画出正三角形、正方形、正五边形、正六边形的对称轴,并推算正N边形的对称轴数量。可设计推理应用型作业,让学生画出沿水平方向、竖直方向平移后的图形	经历一个推导分析的过程,培养推理分析的能力,对圆有无数条对称轴的知识点的渗透;感受平移运动的特点,发展空间观念
五年级上册	二	位置	可设计问题解决型作业,学生联系国际象棋、围棋的棋盘及班级座次等,体会数对与表示位置便于交流的特点,感知数与形的联系	让学生感知直角坐标系的思想、数形结合思想、对应思想,培养学生推理的意识和能力
五年级上册	六	多边形的面积	可设计推理应用型作业,借助格子图进一步剖析图形面积公式的推导过程,让学生利用平行四边形的面积推导过程尝试推导其他图形的面积公式。可设计分层体验型作业,让学生在不同层级的组合图形中,分解探索组合图形的面积	通过格子图等方式探索平行四边形的面积,采取平移、剪贴、拼组等方式探究其他图形的面积推导过程,分解组合图形,化繁为简,培养学生分析概括、融会贯通的能力及解决问题的能力
五年级下册	一	观察物体（三）	可设计问题解决型作业,让学生通过摆一摆、画一画来分析观察图形	通过摆一摆、画一画来提升想象、分析、推理的能力

年级	单元	内容	适合的作业类型及设计切入点	重点关注的数学素养
五年级下册	三	长方体和正方体	可设计语言表述型作业，学生制作长方体、正方体的框架，讲一讲制作过程中遇到的问题和解决的办法，表述生活中的长方体形状的物体的表面积，进一步了解表面积的各种情况。可设计问题解决型作业，让学生探究不规则物体的体积	关注学生分析归纳能力的培养。通过生活实际求取表面积的灵活运用，让学生归纳发现，有利于提升为问题解决能力
五年级下册	五	图形的运动（三）	可设计问题解决型作业，用对称、平移和旋转设计并让学生欣赏生活中的图案。可设计文化探索型作业，让学生感受数学与艺术	感受图形变换带来的美感以及其在生活中的应用
六年级上册	二	位置与方向（二）	可设计语言表述型作业，让学生描述简单的路线图。可设计评价反思型作业，让学生进行错题的分析。可设计问题解决型作业，安排定向运动，结合实际让学生设计一个植物园导游参观路线图	掌握确定位置的方法，借助定向运动运用所学的定位策略，培养空间观念，感受坐标的思想，感受数学与生活的联系
六年级上册	五	圆	可设计问题解决型作业，让学生理解分析圆周长的推导过程，尝试用不同的方式推导圆的面积，并结合生活实际探究圆的应用。可设计文化探索型作业，让学生通过生活实例、数学史料，探究古代的"周三径一"	关注过程，理解过程，只有在理解的基础上才能牢固掌握图形的周长、面积计算公式，从中体会和掌握转化、极限等数学思想，感受数学之美，了解数学文化
六年级下册	三	圆柱与圆锥	可设计问题解决型作业，让学生找一些圆柱形状的物体，摸一摸，滚一滚，描一描，分析比较各种柱体的特征。可设计文化探索型作业，让学生探究阿基米德"圆柱容球"、蚁狮"圆锥形洞穴"、"剪纸钻洞"魔术游戏	加深学生对圆柱与圆锥特征的理解，发展学生的空间观念，让学生体会数形结合思想，体会转化、推理、权限、变中有不变等数学思想

表2-4-3　第三部分统计与概率部分

年级	单元	内容	适合的作业类型及设计切入点	重点关注的数学素养
一年级下册	三	分类与整理	可设计分层体验型作业，让学生针对不同的物体进行多种不同类别的分类。可以设计语言表述型作业，让学生学会同一类物品，按照不同的标准分类的描述。可设计问题解决型作业，让学生结合生活中的分类进行简单问题的处理与分析	让学生学会对同一类物品，按照多种标准进行分类，感知分类的意义，体验分类结果在单一标准下的一致性和不同标准下的多样性，培养学生的动手操作能力、观察能力、语言表达能力
二年级下册	一	数据收集整理	可设计语言表述型作业，让学生在生活中调查，并整理数据。可设计问题解决型作业，让学生针对调查形成的数据，分析数据产生的一些原因、结论	使学生体验数据的收集、整理、描述分析的过程，掌握统计的意义，让学生学会制订调查计划，经历数据收集的过程，并学会分析数据
三年级下册	三	复式统计表	可设计评价反思型作业，学生在制作统计表的过程中，反思提出一些生活问题、建议、思考。可设计问题解决型作业，让学生统计身边的数据制成复式统计表	会绘制图，能读懂图，需要完整经历统计的过程，培养数据分析观念，感受统计与现实生活的密切联系
四年级上册	七	条形统计图	可设计周期综合型作业，本单元的内容编排是以前知识梳理整合而成的，可以让学生尝试梳理；可设计问题解决型的作业，统计过程本身就是解决问题的过程，让学生联系生活实际，经历收集、整理、描述和分析的过程	这一单元是将第一学段不同年级的条形统计图知识，重新梳理、整合而成的内容，渗透统计思想方法，让学生建立数据分析观念
四年级下册	八	平均数和条形统计图	可设计语言表述型作业，让学生用自己的语言解释平均数的实际意义，能根据复式条形统计图提出并回答简单的问题。可设计推理应用型作业，让学生利用平均数来分析具体情况，进行简单的类推分析，做出合理的判断和决策	平均数是一个重要的刻画数据集中趋势的统计量。计算不是本单元的重点，深度理解平均数的由来、含义、运用才是重点。培养学生分析表达的能力，使学生逐步形成数据分析观念

续表

年级	单元	内容	适合的作业类型及设计切入点	重点关注的数学素养
五年级上册	四	可能性	可设计语言表述型作业，让学生对一些简单的随机现象发生的可能性做出定性描述。可设计问题解决型作业，让学生自编可能性的游戏。还可设计单元综合型作业，让学生利用成长小档案，回顾梳理对可能性的认识	自己编游戏，进一步感受可能性的大小，感受可能性知识与生活的联系，有利于培养学生的应用意识
五年级下册	七	折线统计图	设计问题解决型作业，学生通过分析故事情境，理解折线统计图上数据的含义。可设计语言表述型作业，让学生调查一项自己感兴趣的事例，用统计表、统计图将统计的结果呈现出来，并说一说从数据中发现了什么	提升读图绘图能力，发展数据分析能力，体会统计在生活中的意义和作用
六年级上册	七	扇形统计图	可设计问题解决型作业，让学生分析如何选用三种统计图	分析数据，选择统计图，进一步发展学生读图分析的能力，发展学生的数据分析观念

表2-4-4　第四部分综合与实践部分

年级	单元	内容	适合的作业类型及设计切入点	重点关注的数学素养
一年级上册	综合与实践	数学乐园	可设计周期综合型作业，让学生对知识进行梳理。还可设计单元主题型作业，让学生形成知识建构的网络。还可以设计问题解决型作业，让学生感受数学与生活的联系	感受知识梳理的重要性，体会归纳整理知识的好处，培养审题意识，培养合作和交流能力
一年级下册	综合与实践	摆一摆，想一想	可设计推理应用型作业，让学生用发现的规律解决一些简单的问题。可设计语言表述型作业，让学生在合作交流中表达想法，感受数学好玩	通过探究圆片个数与所摆出的数的个数之间的关系，培养学生初步的归纳能力，使学生在自主探索中体会有序思考的重要性

年级	单元	内容	适合的作业类型及设计切入点	重点关注的数学素养
二年级上册	综合与实践	量一量，比一比	可设计问题解决型作业，让学生测量自己和身边物品的长度、高度。可设计推理应用型作业，让学生选择合适的标准（单位），用不同的方式表示物品的长度。还可设计语言表述型作业，让学生在活动中体会合作、交流和表征方式多样性的乐趣	让学生建立长度概念，初步培养学生的估测能力、长度观念和数感，培养学生解决问题的能力
二年级下册	综合与实践	小小设计师	可设计周期综合型作业，让学生利用对称、平移、旋转等知识设计图案。可设计语言表述型作业，学生欣赏交流各组同学拼成的图案，用自己的语言描述图形的运动	体验设计的快乐，提高综合运用知识的能力，发展空间观念，感受数学的美，体会数学学习的价值
三年级上册	综合与实践	数字编码	可设计问题解决型作业，让学生经历设计编码过程，体会数字在表达、交流和信息传递中的作用	培养学生的应用意识和实践能力，让学生体会符号思想
三年级下册	综合与实践	制作活动日历	可设计单元主题型作业，以如何制作一个活动日历为目标和载体进行	让学生感受数学在日常生活中的应用，体会用年、月、日的知识解决简单问题的过程，积累活动经验
三年级下册	综合与实践	我们的校园	可设计问题解决型作业，让学生写一写、算一算、画一画，经历找到清晰、简洁的表达方法的过程	依据生活情境，发现并提出问题，体会数学表达的清晰、简洁，获得对数学思想、方法的感悟
四年级上册	综合与实践	1亿有多大	可设计推理应用型作业，让学生经历猜想、实验、推理和对照的过程，探究数学问题的过程和方法	借助对具体数量的感知，发展数感；经历合作，积累数学活动经验，增强学好数学、用好数学的信心

年级	单元	内容	适合的作业类型及设计切入点	重点关注的数学素养
四年级下册	综合与实践	营养午餐	可设计问题解决型作业，让学生结合指标，判断学校午餐是否合格，并自己动手搭配，统计搭配方案。可设计周期综合型作业，让学生综合运用所学的组合与统计知识	学生运用简单的排列组合、统计等相关知识了解怎样的搭配才是合理的营养午餐，体会探索的乐趣，感受数学的生活性、实用性
五年级上册	综合与实践	掷一掷	可设计问题解决型作业，用游戏的形式探讨可能性的大小	让学生积累数学活动经验，培养学生解决问题的能力
五年级下册	综合与实践	探索图形	可设计问题解决型作业，让学生通过观察、列表等方式探索、发现图形分类计数问题中的规律	体会化繁为简解决问题的策略，培养空间想象力，体会分类、数形结合、模型等数学思想
六年级上册	综合与实践	确定起跑线	可设计问题解决型作业或周期综合型作业，让学生综合运用所学知识解决现实生活中的问题	学生经历观察、计算、推理等数学活动过程，发展综合运用数学知识解决实际问题的能力，体会抽象、推理等基本思想
六年级上册	综合与实践	节约用水	可设计单元主题型作业，让学生用统计知识调查分析，并形成环保主题的调查报告	学生经历收集、整理、分析、表述的过程
六年级下册	综合与实践	自行车里的数学	可设计周期综合型作业，将测量、圆的周长、排列组合等数学知识综合应用	学生通过解决生活中常见的自行车里的数学问题，了解数学与生活的广泛联系，经历"提出问题—分析问题—建立数学模型—求解—解释与应用"的问题解决的基本过程

表2-4-5　第五部分数学广角部分

年级	单元	内容	适合的作业类型及设计切入点	重点关注的数学素养
二年级上册	八	数学广角——搭配（一）	可设计推理应用型作业，让学生理解搭配的概念。可设计语言表述型作业，培养学生的搭配能力，让学生体会排列与组合的思想方法	让学生体会排列与组合的思想方法，培养学生初步的观察、分析、推理能力，让学生感受数学与生活的联系
二年级下册	九	数学广角——推理	可设计推理应用型作业，让学生掌握推理的概念，并进行具体案例的尝试。可设计语言表述型作业，让学生阐述自己的推理过程	通过推理的表述和体验，使学生掌握推理的方法，初步获得一些简单推理的经验，培养学生观察、分析、推理和解决问题的能力以及数学表达能力
三年级上册	九	数学广角——集合	可设计问题解决型作业，让学生借助维恩图，运用集合的思想方法解决问题，并剖析维恩图的作用	对维恩图做进一步的认识，除了渗透集合思想，也可以为以后解决更高难度的同类问题孕伏方法，让学生感受数学与生活的联系
三年级下册	八	数学广角——搭配（二）	可以设计问题解决型作业，让学生作图分析搭配问题的思考过程，探索解决问题的有效策略	结果虽然重要，但有序思考的过程更加需要经历，培养学生问题解决能力，让学生体会分类思想、数形结合思想、符号化思想
四年级上册	八	数学广角——优化	可设计问题解决型作业，让学生经历自主探究的过程，体验问题解决策略的多样性，感悟优化的数学思想。可设计文化探索型作业，让学生体会古代人合理、省时、以弱胜强的智慧	在游戏中转告他人制胜的策略，将策略的趣味性内化，让学生感受并初步理解优化的数学思想，发展数学思维

年级	单元	内容	适合的作业类型及设计切入点	重点关注的数学素养
四年级下册	九	数学广角——鸡兔同笼	可以设计问题解决型作业，让学生作图解说鸡兔同笼的解答方案。可设计文化探索型作业，让学生感受古代数学问题的趣味性。可设计推理应用型作业，让学生用列表法、假设法等方法构建数学模型	鸡兔同笼问题的解决策略可以利用图形来拓展，学生在描述方法的过程中进一步体会数学思想方法，培养逻辑推理能力，增强应用意识和实践能力
五年级上册	七	数学广角——植树问题	可设计推理应用型作业，画线段图探索构建植树问题的模型思想，让学生尝试寻找生活中的植树问题	画图分析，构建植树问题的模型比大量解题更能提升学生问题解决的能力，让学生体会模型思想
五年级下册	八	数学广角——找次品	可设计问题解决型作业，让学生利用流程图解释找次品的过程，尝试用天平找次品构建数学模型	找次品的结论有规律可以识记，但其推导分析的过程能提升学生的逻辑思维能力
六年级上册	八	数学广角——数与形	可设计问题解决型作业，让学生尝试数与形的关联推导。可设计文化探索型作业，让学生探究"杨辉三角"	让学生体会数与形的巧妙关联，培养学生分析推导能力，让学生体会数形结合、归纳推理、极限等基本的数学思想
六年级下册	五	数学广角——鸽巢问题	可以设计问题解决型作业，让学生尝试分析推导鸽巢问题。可设计文化探索型作业，让学生探究"狄里克雷原理"和扑克中的魔术	学生经历鸽巢原理的探究过程，增强对逻辑推理、模型思想的体验

第三章

数学生本作业的实施

前面，我们对数学生本作业有了一定的了解，也知晓了数学生本作业设计遵循的原则和类型范式等。接下来，我们要解决的问题就是数学生本作业设计需要怎样调控才能让它落地生根，怎样把握好时机才能让它发挥真正的作用。让学生的学习在完成数学生本作业的过程中真实发生，这是很关键的问题。本章将从控制、指导、批改、讲评等维度探索构建数学生本作业的实施策略。

第一节 控制策略

数学生本作业设计内容、类型、原则的设计与思考是基础。实现数学生本作业与课堂教学的深度融合是树立"大作业观"的一种体现。如何将数学生本作业有效地贯穿整个数学教学过程是关键所在。因此，改变以往的数学作业与课堂割裂的局面，真正让数学作业贯穿课堂教学，其控制策略是必不可少的。

控制策略是指根据作业评估预期的结果，结合探究性学习应对策略，确保作业完成过程中控制目标得以实现的方法和手段。其实，在这里所谓的作业控制策略主要是指作业布置的时机。在布置时机的问题上，这里主要分新知学习前、新知学习中和新知学习后。

《义务教育数学课程标准（2011年版）》中明确指出，在各学段中，安排了四个部分的课程内容。以数与代数这一部分为例，其主要内容有数的认识、数的表示、数的大小、数的运算等。也就是说，数学四部分知识以及每一小部分知识都有其自身的特点，其设计的目的和培养目标各不相同。再加上学生在学习数学的过程中存在个人差异，导致学习的方式方法也不尽相同。最终，受诸多因素的影响，数学生本作业的控制策略也不同。比如，学习体积容积这部分知识之前，就可以让学生借助实验操作的方式进行。又如，在学习三角形的面积时就可以通过迁移类推的方式设计数学生本作业。再如，学习了圆的认识后就可以设计与圆有关的数学文化探究作业等。

经过文献研究和实践研究我们总结出：需要掌握学情时、需要创设情境时、需铺复习铺垫时三种时机适合设计安排新知学习前的作业。具体归纳、迁移类推、知识点辨析、解决难点四种时机适合设计安排新知学习中的作业。探索数学文化、综合应用、解决生活问题三种时机适合设计安排新知学习后的作业。

这样一来，只要把握好新知学习前和新知学习后的作业安排设计，就可以让学生在一课时的前1/4部分、中2/4部分、后1/4部分的学习真实发生，也就是真正让数学生本作业与数学生本课堂有机融合，不至于让它们趋向传统意义上的作业与课堂的割裂，实现作业与课堂的共通与互惠，融为一体。

一、控制策略：新知学习前

1. 需要掌握学情时

在新知学习前，我们往往需要了解学情，并对学情进行分析。那么为什么需要了解学情呢？怎样对学情进行了解呢？这是非常重要和基础的问题。但是对于我们很多教师来说，却把了解与分析学情当成了一种形式，或者在心中对学生整体水平进行模糊性处理，想当然地理解，更没有关注学情分析的后期效果。这样一来，从提高学生学习效率，减轻学生学习负担的角度来说，是非常不利的。

教学应着眼于学生的"最近发展区"，为学生提供带有难度的内容，调动学生的积极性，发挥其潜能，超越其"最近发展区"而达到下一发展阶段的水平，然后在此基础上进行下一个发展区的发展。

耿岁民在《中学数学课堂教学学情分析的理论与实践研究》（陕西师范大学，2011）一文中指出：所谓学情就是影响教与学的设计与实施的发生、发展及效果，并且与学习者相关的一切变量和因素的状况。同时，对学情进行了归纳，分为"学期的学情分析、单元的学情分析、课时（包括课前、课中、课后）的学情分析"，同时他还对各类学情做了比较全面的梳理，非常具有操作性。学期学情分析包括学业水平、过去的经历、班级人口学特征、班风、认知发展水平、学习方式习惯、情感发展特征、学习动机、学习态度；单元学情分析包括单元预备技能、单元目标技能、单元学习态度、相关知识规律；课时学情分析包括课前、课中、课后。其中，课前又包含相关学习能力、相关生活经验、具体的课堂学习情境、未来的应用情境、信息反馈点；课中为即时的学习状态表现；课后为课堂的即时学情、学习效果。

基于以上认识，我在这里谈及的观点就是只有贴近学生"最近发展区"的学习，才是更有效的。了解学情，就是了解学生学习的"最近发展区"。简而言之，所谓学情就是学生处在"最近发展区"前的现有水平的状况。

另外，百度百科关于"最近发展区"有这样一段论述："虽然维果茨基的'最近发展区'主要是就智力而言的，但是在学生心理发展的各个方面都存在着'最近发展区'。教师应该围绕'最近发展区'大做文章，通过联系簿、周记、作业本、期末鉴定、书信等载体给学生写评语，让学生看到成功的希望，明确努力的目标，获得前进的动力，一步一步地发展自己，一点一滴地完善自己。"这一段表述让我深受启发：数学生本作业的设计与控制都可以围绕"最近发展区"进行思考。也就是当我们需要掌握学情的时候，可以通过生本作业的设计与实施来进行。或者说，通过控制生本作业的布置时机，在新知学习前了解学情。

谢晨、胡惠闵在《学情分析中"学情"的理解》一文中指出："作为教学研究领域的学情研究，也绝不能满足于发现学生变量与学习效果之间的关系，还必须提出处方性的教学办法促进学生的学习。做不到这一步，就无法指导一线中小学教师的日常教学，这样的学情分析依旧属于'未完待续'。"

因此，结合耿岁民的关于"学期的学情分析、单元的学情分析、课时的学情分析"的分类，以及谢晨、胡惠闵提出的"处方性的教学办法促进学生的学习"的理解，可以设计不同时机的生本作业，以便于掌握学情。

教师在需要掌握学期学情、单元学情时，可参照周期综合型作业进行设计与布置。比如，在二年级下学期学习《图形的运动（一）》中的对称、平移、旋转等知识之前，我们需要进行单元整体教学备课，需要了解学生对本单元的整体的认知情况，以便有所侧重。由于学生的年龄和心理特点，我们不便于采用问卷的方式进行学情的了解与调查。我们可以设计"小小设计师"，作为一个单元的前置性作业。这个时候就可以让学生尝试利用对称、平移、旋转等设计图案，从中掌握这一单元的学情，便于从整体上把握这一单元教学设计的方向与侧重点。按照往常的教学思维，这种作业设计只有新知学习完成后才会布置。我们把它提前的目的就是进行学情前测。这样的动手操作式的综合前测不但能让学生产生挑战欲望，而且能预判这部分新知识学习前的学情；不但能在师生心中共同形成靶向，而且能让学生形成前后对比的成就感。

教师在需要掌握课时学情时，可参照语言表述型、推理应用型、文化探索型等类型的作业进行设计与布置。平时教学中，教师虽然能大体知道学生已有的生活经验，但是处于一种含糊不清的状态，不能较准确地把握学情。

这个时候，就需要在课时学习新知前，设计一些掌握课时教学前的前测作业。其目的主要是了解新课学习前的情况。

比如，"对称"在日常生活中经常见，学生对"对称"已有形成一定的感性认识，但是对于"对称"这一概念归纳与表述还是欠缺的。以《图形的运动（一）》为例，可设计这样的作业：让学生搜集有对称现象的图形，并动手制作，画一画、剪一剪，尝试探究归纳什么是轴对称图形。

又如，学习小数乘整数的时候，为了了解学生课时学情，为了让学生初步探索小数乘整数的计算方法，体会知识之间的联系，让学生初步理解算理，可设计整数乘法与小数乘整数的组合题目：

用计算器计算：$6 \times 3=$　　　$0.6 \times 3=$　　　$126 \times 4=$　　　$1.26 \times 4=$

$45 \times 16=$　　　$45 \times 1.6=$

观察这几组算式你的发现是什么？整数乘法的计算方法是什么？小数乘整数的题目是怎样计算的？小数乘整数的计算和整数乘法计算的相同之处有哪些？不同之处有哪些？

学生在完成这一份作业的过程中，教师就可以从中了解学生整数乘法的学情，以及学生对小数乘整数的认知有哪些。这对课时学情的把握是非常有利的。这样教师就可以在准确掌握学情的基础上进行小数乘整数的深入探讨。

另外，关于作业布置的控制时机，刘善娜老师在适合布置在新知学习前的探究性作业中提到"当新知需探明起点时"，从某个具体知识点掌握情况来进行阐述，倾向于我在这里提到的课时学情。我们在日常教学实践中发现，作业的布置涉及学生学习的各个阶段。因此，这里从学情掌握的角度，以学生学习的时间及内容架构来呈现数学生本作业的布置时机，是在原先基础上的进一步完善。

2. 需要创设情境时

情境就是在一定时间内各种情况的相对的或结合的境况。在社会心理学中，情境指影响事物发生或对机体行为产生影响的环境条件。这里的创设情境包含两层含义：一是教学情境；二是学习情境。所谓教学情境是指教师在教学过程中创设的情感氛围，也指具有一定情感氛围的教学活动。学习情境主要指在学习获知过程中通过想象、手工、口述、图形等手段使获知达到高效的活动，通常这种情境伴随时代的发展会有不同程度的创新。

（1）需要创设教学情境时。前面，我们曾提到要树立数学"大作业观"，就是要把数学生本作业渗透到各个教学环节之中。而数学课堂教学中，创设情境是基本要素。创设情境进行教学也是数学教师的一种教学思维习惯。创设有价值的教学情境更是进行教学改革的一种追求。我们认为，创设情境就是生本作业的一种呈现方式。数学课堂中的创设情境环节就是生本作业布置的一个时机。比如，教学"用数对确定位置"这部分内容的时候，"教材编排的军营图虽然十分规范，但如果直接由教师呈现给学生，学生则显得被动无趣。如何改变这种局面，让学生学习'自己的'数学，将教学的素材进一步生动化呢？"吕健老师在课堂教学中采用了为学生拍照、现场投放照片的形式，为学生创造了更加贴近自身生活的学习素材，调动了学生参与的兴趣。为了充分展示这个情境，进一步实现这个情境的目的，我们可以把学生拍照及学生原始表述位置的做法改编成课前情境作业的方式来完成，上课的时候直接交流作业情况。设计如下：同学们，请根据班里学生的座次，设计一张班级学生座位表，并说出班委会成员的位置。这样一来，作业与课堂教学融为一体，为课堂教学创设情境时所用，呈现出课堂教学的"大作业观"。

（2）需要创设学习情境时。孔子说："不愤不启，不悱不发，举一隅不以三隅反，则不复也。"孔子的这段话，在肯定启发作用的前提下，尤其强调了启发前学生进入学习情境的重要性。

我们知道，"任何儿童的学习都需要适度的情绪，适度的情绪可以使他们注意力集中，脑力活动的积极性提高"。因此，在教学中创设一个良好的学习情境，调节学生的学习情绪，有利于激发他们的创造性思维，培养他们的创新能力。在数学课堂上创设学习情境的方式和方法有很多。

比如，创设问题学习情境时的作业设计。人的思维往往是从问题开始的。学生只有遇到一些问题，才能主动地去学习。因此，教师应该为学生提供数学生本作业材料，让学生置于问题情境之中，让其产生认识冲突，使其思维进入积极思考状态，才有利于发展学生的创造性思维能力。例如，在教学加法交换律时，可设计357+137和137+357的计算。思考：这两个算式都是几个加数相加？它们的位置有什么样的变化？结果怎样？让学生计算尝试发现规律。

比如，创设错误学习情境时的作业设计。这里所说的创设错误情境就是通过一定的方法，创设一种故意错误的学习情境来发展学生的逆向思维，从而达到培养学生解决问题的能力。例如，在教学比例的意义和基本性质时，一开始先设计复习一些比的知识，然后设计演示实验的作业：把两个分别盛有50克、100克水的杯子，分别编号为1号、2号，然后给1号杯子加入10克食用白糖，给2号杯子加入20克食用白糖，搅拌均匀。请同学们思考回答：1号杯子糖少，2号杯子糖多，是不是2号杯子的水更甜一些？请说明理由。由此创设出一种故意错误的学习情境，让学生产生迫切解谜的心理，引发学生的学习兴趣。

3. 需铺复习铺垫时

"复习铺垫是小学数学教学重要的环节，对于引起学生对已有知识的回忆，帮助学生更有效地参与到新知的探究过程中有着重要的作用。"学生的学习是运用已有经验不断获取新知识的过程，这一过程能否顺利进行，是课堂教学的关键。为此。老师们致力于精心设计各种"复习铺垫"，以便激活学生处于"休眠"状态的旧知识与经验，促进知识的迁移，同化新知识，降低学生理解新知识的难度。

那么，需要复习铺垫时，就是数学生本作业布置的一个重要时机。课堂教学的目标有知识技能、数学思考、问题解决、情感态度四个方面。因此，可以结合新的知识技能形成之前、在新的数学思考表达之前等时机进行复习铺垫。

比如，学习探究新知"倍数"时：数倍数的方法有哪些？表示一个数倍数的方法有哪些？一个数的倍数有什么特点？在此之前，可以让学生复习，找一个数因数的方法有哪些？表示一个数因数的方法有哪些？通过复习，学生就会探究总结出找一个数因数的方法有列除法算式、列乘法算式两种。表示一个数因数的方法有列举法和集合法。这样一来，对找一个数的倍数和表示一个数的倍数的方法有一定的认知基础和铺垫，学生对新知的学习也更容易产生迁移。

再如，在教学人教版四年级上册《公顷的认识》时，可复习以前学过的平方米、平方分米、平方厘米后，让学生小组内互相读一读这些数据：北京世纪坛占地面积大约是45000平方米。天安门广场是世界上最大的城市广场，面积大约400000平方米；北京的故宫是世界上最大的宫殿，占地面积约720000平方米。在读的过程中，让学生谈一谈读数据的感受，让其产生用更大面积单位来表示较大土地的面积的探究欲望。这样不仅可以让学生对之前学习的平方米、平方分米、平方厘米有个系统的复习，而且学生通过读一读、听一听，深刻体会到生活中有很多较大土地的面积用我们以前学过的最大的面积单位平方米表述是不方便、不简洁的。在强烈的认知冲突中激发学生的学习需求，这时的学生可能会调动他们的生活经验进行猜测，大胆地猜出他们听说过或看到过的面积单位——平方千米，也可能猜到是亩，还有可能会说公顷。在这一过程中，学生即使不能清楚地知道这些面积单位的具体意义，但也对面积单位产生了新的数学思考，发展了合情推理和演绎推理的能力。

再如，学习圆的周长和面积时，需要学生对转化的思想有一定的认知，需要做一个思想方法的铺垫。圆的周长和面积计算公式的推导用到了转化的思想，我们需要引导学生深入地去体会这种思想方法，并将涉及的数学思想方法作为一个重点的教学目标予以落实。在研究圆的面积计算公式时，教师可先让学生回顾：以前在研究平行四边形、三角形、梯形等多边形面积时，主要采用了割补、拼组等方法，将多边形转化成更熟悉和更简单的图形来解决，那么，是否也可以按这样的思路利用割补等方式把圆转化成熟悉的图形来计算面积呢？多边形的边无限增加，最后会成为什么图形？若分的份数无限增加，最后会是怎样的情况？这样一来，学生就对转化、极限等思想有了一定的储备，在学习圆的面积的时候，相对来说就积累了一些经验，学习探究起来就有了联系，更有了基础。

二、控制策略：新知学习中

1. 具体归纳

一般认为，归纳推理是由个别的事物或现象推出该类事物或现象的普遍性规律的推理。因此，人们将归纳推理简单地说成"从特殊到一般的推理"。

对于归纳思想也就是从特殊到一般的思维方法，即通过对有关数据和资料的分析，建立数学模型，探索并发现数学问题中蕴含的规律。可以说，归纳思想是一种重要的数学思想，不少数学方面的新发现就是通过归纳猜想而获得的。它不仅在数学的探索中得到了充分体现，而且在数学教学中占有重要的地位。

史宁中教授认为，从思维方法的角度分析，与数学有关的思维与能力主要有两种：演绎思维及其能力和归纳思维及其能力。多年来，我国基础教育重在学生思维能力的培养，主要弱在归纳能力的训练上，给创新型人才的成长带来了严重的障碍。因为演绎的方法只能验证真理，而不能发现真理，运用演绎方法培养起来的演绎思维，只能进行模仿，而难以进行创造。传统的数学教学缺少两样东西："通过条件预测结果的能力"以及"依据结论探究成因的能力"。缺少这两个能力，就无法完成一次真正的创造过程，也不利于创新型人才的成长。史宁中教授同时也明确提出：我国现在提出的实施素质教育、培养创造能力，要想真正落实，就必须在中小学数学教育中加强归纳推理的教学。

由此可见，归纳思维及其能力是极其重要的，也是当下中小学数学教育中存在的一个短板。在数学教学中，数学概念是非常重要的教学内容之一。可是，在概念教学时普遍采用的方式就是讲解概念，然后根据对概念的理解去应用。当前，很多所谓概念教学的顺序其实与概念的形成是相反的。我们在数学教学中应该试图呈现概念总结归纳形成的过程，给学生一种体验，给学生一种经历或者创造定义的体验。这样就可以有效地落实归纳推理能力的培养，这对培养学生的创新思维是非常有益的。因此，一些数学概念、法则、定义等都可以用归纳推理的思想进行教学。

就方法而言，归纳推理包括枚举法、类比法、统计推断、因果分析、观察实验、比较分类等。在数与代数等数量关系范畴内，使用的是枚举归纳法；在探讨几何空间关系时，较多使用类比法；在统计范畴，多使用统计推断。

基于以上对归纳思维、能力、方法的认识，我们在教学中需要具体归纳时，可以设计一些呈现归纳探究过程的数学生本作业。这些数学生本作业的设计可适用小学数学的各个领域。

比如，在教学鸡兔同笼问题，需要归纳时，就可以设计如下作业进行探究。问题是"鸡兔同笼，有20个头、54条腿，问鸡和兔各有多少只？"先通过数的运算，进行尝试，列表如下（表3-1-1）：

表3-1-1　运算表

头/个	鸡/只	兔/只	腿/条
20	0	20	80
20	1	19	78
20	2	18	76
20	3	17	74
……			

归纳出：①如果鸡数增加，那么总腿数就减少；②如果鸡数增加1，那么兔数减少1，总腿数减少2。根据归纳出的结论可知，总腿数由80减少到题目中的54，需减少26，所以鸡数（由0开始）增加：26÷2=13，即鸡有13只。可得出，鸡数计算方法：（20×4-54）÷（4-2）。一般地，"鸡兔同笼，有n个头、m条腿，问鸡和兔各有多少只"，不难得到：鸡的只数=（$4n-m$）÷（4-2）。

又如，在教学可能性，需要归纳时，就可以设计如下作业进行探究。口袋中有5个白球和1个红球，让学生摸10次、20次、30次，甚至更多次，试图让学生从中尝试归纳总结可能性的一般规律。其实，通过这种探究记录的归纳，学生很容易就能得出袋子里的白球比红球多的结论，更可以通过红球出现的频率判断口袋中红球所占的比例。

再如，在教学三角形的内角和，需要归纳时，就可以设计如下作业进行探究。让学生思考：三角形分为几类？怎样分类？我们把各类三角形采取不同的方法进行验证是不是就可以总结出三角形的内角和？让学生用量角器测量、剪拼三角形、折叠三角形等不同方法进行操作。让学生思考：三角形大小与内角和的关系是什么？这样设计的目的是在需要归纳的时候，让学生从不同的角度、用不同的方法经历并尝试总结归纳出一般规律，既可以加强学生思维的变通性，使学生触类旁通，又可以让学生学会操作，并使所学内容变得具体形象，易于被掌握。

还有，在教学三角形，需要归纳时，就可以设计如下作业进行探究。让学生动手画出三角形，并根据老师提供的各种图形，思考：三条线段是组成还是围成？组成和围成有什么区别？从而归纳三角形的定义，并明确三角形定义中的关键词语"围成"。通过这样的探究性作业的设计，学生很容易理解并归纳出：由三条线段围成的图形（每相邻两条线段的端点相连或重合）叫三角形。

另外，我们在学习加法交换律等运算定律的时候，是在先学习整数的加法交换律等运算定律的基础上来学习小数、分数、正负数的运算定律的。这是一种演绎推理的应用学习。其实，对于运算定律这一部分知识的形成过程与教学设计顺序是相反的。因此，我们在小学阶段每遇到数的运算定律学习的时候，应用归纳的思想让学生再去经历归纳总结运算定律的这一过程，而不是直接用教材中的那句"整数加法的交换律、结合律对小数加法同样适用"。与此同时，为了验证数的加法满足交换律，选择在其他属性上有很大差别的整数、分数，甚至无理数进行验证。

只有通过上述尝试性的教学，让学生从一系列的个别现象出发，得到一般的结论，即学生自己用归纳的方法得出来，才是真正发明创造的基础，才是形成智慧的必由之路。史宁中教授在采访中曾讲道："一个学生在学习中，能推出一个公式，对他一辈子的影响是极大的。"

总之，学生的归纳推理能力是一种直观能力，不是教师"教"出来的，而是学生在参与数学活动的过程中"做"出来的、"悟"出来的。对于归纳推理模式的把握，应是基于个体经验的，需要通过学生的实际操作和内心感悟，是一种"意会"重于"言传"的东西。因此，具体归纳时应注重探究性数学生本作业的设计与把握。

2. 迁移类推

美国心理学家奥苏伯尔认为，迁移现象普遍存在于人的活动中，凡是有学习的地方就会有迁移。徐艳斌在谈及"数学有效教学的指标"时，将迁移能力作为一项重要的指标提出。他认为，数学有效教学的一个重要的指标是学生的数学学习能否从一个问题迁移到另一个问题，从一个情境迁移到另一个情境，从学校课堂迁移到社会生活。

迁移是指已获得的知识、技能与动机在新的情境和学习任务中广泛地、创造性地、支持性地使用。迁移不仅发生在知识和动作技能的学习中，同样发生在情感和态度的学习中。知识的应用本质也是知识的迁移。所以研究学习迁移的规律对实现数学教学目标具有非常现实的意义。

形成良好的学习迁移能力有助于学生构建良好的认知结构，提高其解决问题的灵活性和有效性。那么如何在迁移类推时设计引发学生迁移类推的探究性作业呢？在这里我们以探究多边形内角和为例。

比如，学习了三角形的内角和后，我们就可以迁移类推到探究多边形的内角和。这时就可以设计如下作业：能否用探究三角形内角和的方法探究多边形的内角和？那么，四边形的内角和是多少？五边形的内角和是多少？……n边形的内角和是多少？如此，学生就很容易通过迁移自主探究出多边形的内角和。

就在当我们把眼光盯住内角，只看到：三角形内角和是180°，四边形内角和是360°，五边形内角和是540°，……，n边形内角和是（$n-2$）×180°的时候，我们再设计出如下探究作业：任意n边形外角和是多少？让学生经历从三角形内角和到多边形内角和，再到多边形外角和这样一个迁移类推过程。

当迁移类推总结出任意n边形外角和都是360°时，就把多种情形用一个十分简单的结论概括起来了。用一个与n无关的常数代替与n有关的公式，这样就找到了更一般的规律。

这一连串的迁移类推让学生的探究走向深入，把学生的思维引向了更宽广的天地。

再如，在学习小数加减法，进行迁移类推时，设计如下作业：13+15的计算方法是什么？应该注意什么？1.3+21.5的计算方法是什么？这与整数的计算方法有哪些相同之处？这样一来，就可以让学生把整数加减法中"计数单位相同才能直接相加减"迁移到小数加减法中。学习分数加减法时，怎样才能让两个异分母分数相加减，其前提条件同样是要使它们的计数单位相同。这一观念的概括程度越高，其迁移的范围就越大。在学习解简单方程后，进行解方程迁移类推时，可设计如下作业：让学生尝试把一步方程转化为两步甚至三步方程。如转变成：$6x-22=50$，$6x÷2=36$，$2x+4x=72$，$6x+13×6=150$，等等。紧接着，再引导学生将这些迁移变化的方程与原来的方程进行比较，找出不同点，并思考如何将新知转化为旧知，将旧知迁移到新知的学习中来。这样的迁移既符合学生的认知水平，又能使学生准确地将其吸纳进原有的知识结构。

3. 知识点辨析

辨析是辨别分析，要做到条理清晰，说理明白。小学数学中有很多需要辨析的概念、定义、名称或术语等。比如，因数、倍数、质数、合数、奇数、偶数、最大公因数、最小公倍数等这一类概念性知识点的辨析；再如，等腰三角形、等边三角形、锐角三角形、直角三角形、钝角三角形等这一类概念性知识点的辨析；等等。

在进行知识点辨析时，可设计一些探究性的作业。以轴对称图形辨析为例，我们设计了下面的作业内容：

找一找，哪些是轴对称图形？并说说理由。

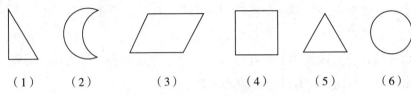

（1）　　（2）　　　（3）　　　（4）　　　（5）　　　（6）

图3-1-1　找图形的对称轴

让学生独立思考后发表自己的看法。对图形（3）进行追问：平行四边形沿对角线对折后形成的两个小三角形（图3-1-2）形状不一样，大小也不相等，所以不是轴对称图形，这种说法正确吗？

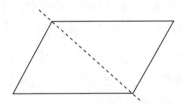

图3-1-2　判断是否有对称轴

显然，判断的结果是正确的，但是判断的理由是错误的。抓住这个问题，引导学生走出误区——一个图形对折后形成的两个图形，如果形状一样，大小相等，这个图形就是轴对称图形。

4. 解决难点

在每一节数学课中，都有学生比较难理解的知识点。怎样有效地把难点转化、分解，让学生在不知不觉的体验、讨论中突破难点，是每个教师在课堂教学中追求的。解决难点问题时，设计有效的、参与体验的作业就显得尤为重要。

比如，在教学体积和容积这一部分内容的时候，"能够区分体积与容积的不同"是教学难点。针对这部分内容，我们设计了下面的作业：

同学们，比较一下纸盒、餐巾纸小包、餐巾纸较大包、鸡蛋、土豆的体积，谁的体积最大？谁的体积最小？有什么方法能够准确地比较这些物体的体积？它们的体积大小顺序是怎么样的？

学生对于谁的体积大谁的体积小的表述都是模糊的、感性的。针对这种情况，引导学生用实验的方法准确地比较它们的大小。

在任务的驱动下，使得学生自主地选择不同的物品进行体积大小的比较。在这些物品里面，有很容易判断出体积的，也有体积比较接近的，还有不规则的。这样一些看似简单的体积大小的比较，实质上暗含了不同层次的比较方法，蕴含了体积等量转化的思想。

这样的作业可以使学生打开思维的空间，呈现出多样化的答题思路，也更容易引发学生探究，有效地突破教学难点。

三、控制策略：新知学习后

1. 探索数学文化

《义务教育数学课程标准（2011年版）》中指出，数学文化作为教材的重要组成部分，应渗透于整套教材。为此，教材中也适时地介绍了一些有关的背景知识，包括数学在自然与社会中的应用，以及数学发展史的有关材料等。

然而，我国小学数学课程的传统是重视知识和逻辑，不注重数学文化的渗透。传统的数学课程教学和评价过于注重知识和分数，忽略了数学文化等其他方面，这不利于学生素养的发展。

顾沛教授（2012）提出数学文化可以"让学生理解数学的思想、精神方法，理解数学的文化价值；让学生学会'数学方式的理性思考'，培养学生创新意识；让学生受到优秀文化的熏陶，领会数学的美学价值，提高对数学的兴趣；培养学生的数学素养和文化素养，使学生终身受益"。

基于以上认识，根据小学生的心理特征和小学数学的特点把数学文化从"学术形态"转变为"教育形态"，从而将数学文化整合于课程是非常必要的。

为了发挥数学文化的育人功能，可设计这样的数学作业。

在人教版二年级下册第七单元《万以内数的认识》中，有"认识算盘"的内容，让学生查阅资料，了解算盘的起源，调查算盘的历史和相关历史故事，并介绍算盘的结构组成以及如何用算盘表示数，了解算盘在历史发展进程中发挥了哪些作用。

这样的探索数学文化的作业可以让学生通过多种途径去探究欣赏古今中

外的数学史料，让学生在与数学家的对话中感悟探索的精神，在了解数学的现代文明成果的过程中激发社会使命感，在挖掘数学美育功能的过程中领略数学的奥秘，在应用与探索中培养发现意识和形成科学求真的精神。像这样的探索数学文化的作业设计还有很多。

比如，最为直观的就是人教版数学教材中的"你知道吗？"这些数学文化的内容均可设计问题，让学生带着问题进行拓展阅读与课后探究，从而感悟数学文化的价值，提升数学素养。

数学教材中除了这些直观的数学文化的呈现，还有很多是可以挖掘的。为什么这样说呢？因为小学数学所学的知识均是前人的研究成果。也就是说小学数学教材中的数学知识点，往前推都能在古今中外的数学史上找到出处和渊源。因此，在探索数学文化时，有很多可以设计为文化探索的作业。

黎慧在《数学史料在小学数学教学中的应用》（2017）中总结出，北师大版小学数学教材中的34处数学史料，有16处来源于我国古代，但是这些史料并没有将相关知识点的发展和演变过程进行详细的阐述。他还以北师大版小学数学四年级上册的《乘法》为例，说出了乘法的出处和渊源："乘法"是美国数学家欧德莱发现的，他发现乘法也是增加的意思，但与加法又有所不同，于是就把"+"号斜写成"×"，表示数字增加的另一种运算方法，并给它取名为"乘号"。

对于不同呈现方式的数学文化内容，可设计不同的数学探究作业。

比如，学习"认识小数"后，可以让学生搜集不同历史时期对小数的表示方式，设计作业让学生思考：你们知道古代的人们是怎么表示小数的吗？小数点又是怎么发展的？学生通过搜集，就会发现我国刘瑾的算筹表示法、英国耐普尔的逗号表示法、德国鲁道夫的竖线表示法，以及现在通用的印度的小数点表示法等，从而使学生更深刻地理解了小数表示含义，感受到数学表达方式的严谨性、概括性以及简洁性。

又如，小学阶段有几处极限思想的渗透。在推导圆面积公式的时候，我们最常用的就是"割拼"的方法，拼成长方形、平行四边形等图形后求面积。可是，这种方法却没有完全穷尽展示出来。最后求的面积，也是教师用一两句话概括为"无限接近"。但是，也会有学生会追问："无限接近"不等于"就是"。这样的追问，其实就导致我们推导出来的圆面积是不准确的。这与数学的严谨性是不符的。这个时候，就可以设计让学生继续去探究

"无限接近"的作业。这个作业的设计，让学生在探究的过程中进行结构重组，帮助学生理解和欣赏数学。

就像刘胜峰提出的数学知识结构重组（2015），"学生理解数学知识的内涵往往是学习过程中最大的挑战，教师可以利用史料帮助学生理解数学内涵。在学习数学概念时，还原该概念的发展脉络，帮助学生认识概念的渊源与本质，继而对数学知识有更深刻的理解；在数学化建构知识时，借助史料使学生的认识与结论更具严格的逻辑性；在渗透数学思想时，利用史料中那些真实可信的演变过程及有价值的结论，使学生在悄然中领悟数学思想，发展情感价值观"。

这里，虽然把数学文化探索放在新知学习后，但也是仅仅从狭义的"作业"范畴去思考设计。其实，从"大作业"的课程角度去思考，课前可以"以数学史做指引设计整体课程；在知识教学的首、尾部引相关史料，来开始讲课或结束讲课，也可以穿插引用、在数学活动之中运用历史名题讲授概念或根据数学史上典型的错误来帮助学生克服困难"。

另外，有一种习惯思维，或者说是一种让学生经历探究的思维，致使我们让学生在经历探究过程之后，呈现数学文化的东西。因此，我们在探究数学文化时，也常常习惯于在新知学习之后。相比较而言，在新知学习后，文化探究的东西和需要延伸的东西更多。数学文化中史料可读、可写、可探究、可实践。

2. 解决生活问题

数学和生活密不可分，解决生活问题时，我们可以设计这样的数学作业：

小明打算制订一个"早晨行动计划"，每天早晨在家要做好以下几件事情：起床穿衣3分钟，整理床铺3分钟，洗脸刷牙3分钟，吃饭8分钟，听英语20分钟。学校每天8：00上课，小明步行到学校，需要15分钟，请问每天他最晚什么时候起床才不会迟到？请说出你的理由。

这样设计的目的是让学生在自主解决问题的过程中寻求最优方案，感悟优化的数学思想。

又如，请同学们根据最近和父母去超市或赶集购物的情况写一篇数学日记，并计算这次购物花了多少钱？让学生感受数学与生活的密切联系，体会数学在生活中的作用，增强应用数学的意识。

再如，学了利率之后，可设计"我来理财"的作业。俗话说："你不理财，财不理你。"学会理财是每个人都应具备的能力。下面就有机会看看你的理财能力。李阿姨准备给儿子存2万元，供他六年后上大学，银行给李阿姨提供了三种类型的理财方式：普通储蓄存款、教育储蓄存款和购买国债。请你先调查一下教育储蓄存款和国债的利率，然后帮李阿姨设计一个合理的存款方案，使六年后的收益最大。通过解决生活中一个实际问题，引导学生通过对各种理财方式的比较，设计合理的存款方案，学会合理理财。

3. 综合应用知识

这里的综合应用知识不是单纯的单元或者整册数学知识的梳理总结和综合应用，也不是我们通常所指的应用题，更不是传统意义上的数学知识的延伸和拓展，它是一种跨领域、跨学科，具有整合特点的综合应用数学知识的作业设计实践类型。它可以锻炼学生的逻辑思维能力和综合应用知识的能力，促进学生综合素质的发展。

比如，为综合应用数学知识，我们在六年级新知学习结束后，在所谓的"复习阶段"设计了这样的跨学科、跨领域的数学作业。

数学研学项目——"木牛流马"中的数学

根据教师介绍或者微课视频介绍，用几何图形尝试画出自己想象中的"木牛流马"的大体结构图。画完后，与老师搜集的"木牛流马"复原图比对，它们之间有什么差别，并说出自己的理解。

《作木牛流马法》可以分为前后两个部分。自文字开始至"载一岁粮，日行二十里，而人不大劳"，记述的是木牛，可称为《作木牛法》；自"流马尺寸之数"至文字终，记述的是流马，可称为《作流马法》。请同学们结合文字叙述和现场实物测量数据探究"一岁粮"的质量，并把计算过程写出来。将你的测量计算与李遵刚爷爷的推算对比一下，谈谈你的想法？并说明流马与木牛的创新与缺陷。

附：李遵刚爷爷的推算。

《居延汉简》中有大量口粮发放的簿册，其中最常见的发放标准是士卒每人每月"三石三斗三升少"。大约与汉代相同或近似，即一岁量约40小石。

汉代计量器具有"大石""小石"之分，且它们之间的比例为6：10，即大石六斗合小石一石。士卒一岁粮若指未脱壳的谷物则约是40小石，若指脱壳的米则约是24大石。《汉书·律历志》记载："权者，铢、两、斤、钧、石也……一龠容千二百黍，重十二铢，两之为两。二十四铢为两。十六两为斤。三十斤为钧。四钧为石。"杨作龙《汉代大石小石考》认定："汉代大石重量为一百二十斤……小石为七十二斤。"这就是说大石之重是脱壳的谷米的重量，小石之重是未脱壳的谷物的重量。那么，一岁粮40小石粟折合2880汉斤，24大石米也折合2880汉斤。

丘光明著《中国古代度量衡》依据"一龠容千二百黍，重十二铢"的标准，推算出汉代一两为14.8克，一斤为236.8克。她在《中国历代度量衡考》中进一步考证了汉代不同阶段度量衡的差别，认定东汉每斤合220克，并说所见三国时期权衡器极少，认为"暂以三国、晋承袭东汉制较为稳妥"。根据这一换算标准可知，一岁粮二十四大石米折合今制634千克，即木牛的载重量是634千克。

这个跨学科的作业是为综合应用数学知识所设计的，其中涵盖了数学、历史、语文、科学、美术等多学科的知识，也涵盖了数学中数与代数、图形与几何等多个领域的数学知识。

这类跨学科的数学作业类似于数学的"研学作业"，它具有综合性、操作性、趣味性、挑战性、研究性、实践性的特点，让学生在学习数学知识的同时，感受数学与其他学科的融合。这样的作业，学生更喜欢，他们做起来也更有意思。

第二节　指导策略

学生学习有差异，能力有高低。学生对生本作业探究层次的差别引发了我们的思考：需要有一个指导学生完成生本作业的方法和步骤，以便于学生有效地完成。当然，我们总结出的这个指导的步骤只是一个框架，不是说非用不可，只是对学习困难的那部分学生的帮助和指引。如果觉得非常的得心应手，完全可以不采用我们提供的策略。当然这部分关于指导的策略也可作为教师指导的参考和遵循。比如，我们设计的数学作业中有让学生绘制思维导图这一形式，那么学生首先必须对思维导图的基本知识进行学习和了解，其次结合具体内容进行分类梳理，最后再进行实际操作绘制。

下面对语言表述型、推理应用型、分层体验型、单元主题型、文化探索型、问题解决型、评价反思型、周期综合型八大类型的生本作业探究的步骤做以下介绍。

一、语言表述型

语言表述型作业就是用数学语言表达数学见解的一种数学作业类型。简单地说，它注重学生对数学的感悟与表述，重在体现数学与生活情境的联系，并在联系的过程中进一步加深对相关数学知识的认识。

比如，设计"寻找身体上的数学'秘密'"的作业，目的是让学生回家和妈妈量一量并描述家人身体上的长度单位，让其加深对长度单位的理解。但是，由于很多学生对语言表述型作业的理解程度不一样，这个作业的做法从形式上呈现得五花八门，内容上思考的也没有深度。一些学生只测量了一两个数据，一些学生写成了调查报告，一些学生还做了个简单的统计表。出现这种情况的原因，就是对此类语言表述型作业没有做好具体的指导。那么怎样引导学生进行语言表述呢？这就需要一个具体的策略指导。

比如，刘善娜老师以"学了好几个长度单位，写写我们身边物体的长度"作业为例，进行了说明。可能有的学生只能说一句"我的盒子长15厘米"，有的写很长一个篇幅。针对此类现象，她在指导学生完成"语言表述型作业的探究步骤"时，按两步进行：一是介绍相关的数学知识；二是介绍身边物体的情况。

我们这里的语言表述型作业涵盖了生活描述、情境描述、定义描述、算理描述等多种情况。这里对于语言表述型作业我们是这样做的，大体分了五步：第一步先让学生明确这类作业的目的，也就是这类作业的主要方向。第二步就是完成作业的形式，可以是口头表述，也可以图文表述。限定口头表述时间和图文表述页码。第三步就是表述的时候要注意先对这部分有关的数学知识进行简单陈述，或者说明相关内容。第四步就是具体情况介绍。这里介绍的形式不限，可以是图，可以是文，也可以图文并茂。第五步就是对所要表述的材料进行简要的总结陈述。

以"寻找身体上的数学'秘密'"为例。

作业题目：寻找身体上的数学"秘密"。

设计意图：增加对长度单位的理解，会用数学语言表述生活中的问题。

作业内容：在家里，和妈妈一起选取脚长、一拃长、脖子一周长、腰围、双臂平伸长、身高等进行测量。先想一想会用到哪些方面的知识，然后和妈妈进行口头表述，再用图文的方式呈现并和班里同学进行交流。通过测量发现了哪些有趣的"秘密"？

这样一来，就对数学作业的意图、内容和操作步骤一并进行了呈现，便于引导学生深入思考，使学生有效完成。当然程式化的回答方式是不可取的。如果学生非常有创意，就鼓励他们采用自己的方式进行呈现，那将会是最佳效果。

二、推理应用型

推理是数学的基本思维方式，包含合情推理和演绎推理。合情推理应用就是将现实生活中蕴含的有关数量、图形问题抽象成数学问题，用数学的方法予以解决，让学生从认识上建立对数学应用的正确理解。演绎推理应用就是可以有意识地利用数学的概念、原理和方法解释现实世界中的现象，解决现实世界中的问题。这两种作业的探究步骤有一定的区别。

　　刘善娜老师提出的概念表征型作业的探究步骤分成了两大类：一是基于判断的探究步骤；二是基于解释的探究步骤。前者"侧重于概念基本巩固后对概念与相关概念进行辨析判定"，后者"侧重于概念学习后对概念本身的直接表述"。这两大类探究步骤给我们提供了有价值的参考。

　　合情推理应用类的探究作业可采取如下步骤：观察分析（经验积累）—归纳类比（详细说明）—初猜结论（正确或错误）。

　　这里的"合情推理应用类的探究步骤"和"基于判断的探究步骤"是相反的。其实，我认为"基于判断的探究步骤"应是合情推理应用类的"逆运用"。比如，让学生用几张同样大小的正方形纸平均分成不同的份数表示相同的大小，你发现了什么？它们的分子和分母各是按照什么规律变化的？可以得出什么规律？

　　演绎推理应用类的探究作业可采取如下步骤：结论描述（一般规律）—解释现象（大量实例）—深入验证（特殊个例）。

　　这里"演绎推理应用类的探究步骤"和"基于解释的探究步骤"是相似的。比如，"'平均数'这一概念，传统的练习基本是平均数的计算题，但现行教材弱化了计算，更多的是平均数概念的理解类题目，类似于'小明身高1.5米，他能安全蹚过平均水深为1.3米的小河吗？'既然学习了平均数，孩子心中的平均数三个字到底代表什么？设计'平均数自我介绍'的作业，就是让孩子画一画、写一写，为'平均数'做一份详细的自我介绍"。

三、分层体验型

　　分层体验型作业主要是指适合每一类学生思维旅程的作业。但是当前分层作业存在三大误区：一是表面分层。教师片面理解分层，认为平时作业有基础题、综合题和拓展题就是分层了。也常常认为一张卷子设置不同难度层次的题目也是分层了。教师平时布置作业时，让学生按照自己的学习能力自由选择，但是由于成绩的原因、家长的监督，会产生不完成作业就等同于学习能力低下等方面的因素，最终导致分层的作用不明显，反而增加了学生的负担。二是机械分层。三是标签化的分层。

　　关于作业的分层，可从作业量、年级、难度、思维多样性等方面进行设计。从作业量、年级的角度去设计分层不再赘述。这里主要从作业难度的角度来谈怎样体现分层。在设计分层作业时，分3~4个难度系数设置题目，难度依次增加。不同难度系数的数学题目设计样式可参照表3-2-1。

表3-2-1 题目设计样式表

题目类型 （难度系数）	围绕一个主题设计作业内容 （难度依次增加）	每类型题目得☆ （题目评价标准）
A		☆
B		☆☆
C		☆☆☆
D		☆☆☆☆

四、单元主题型

单元主题型作业就是指在学习一个单元或者某一部分知识前，让学生去预习解读，或者之后进行整理等带有主题性质的作业。具体分类如下。

1. 单元主题复习

每个单元一个主题，以主题为核心而设计完成复习型作业的步骤如下：基础知识回顾—重难点梳理—整体层次提升。比如，学习《年、月、日》单元，可以让学生围绕年、月、日以思维导图的形式，进行基础知识回顾，接着围绕"年、月、日之间的关系""24时计时法"等重难点进行二次自我反思，然后利用年、月、日的知识来编制与路程问题相结合的解决问题的作业进行整体提升。

2. 单元主题运用

围绕一个单元主题，以易错知识点为核心而设计的作业步骤如下：易错知识点梳理—针对性、个性化选择—形成自己的理解。也就是让学生完成一份单元中平时自己易错知识点梳理的作业，并选出针对自己当前仍易错的地方，自己设计相关联内容找出解决问题的方法。比如，学习了人教版五年级下册第四单元《分数的意义和性质》后，把"份数"与"分数""分率"和"用分数表示的具体数量"、最大公因数与最小公倍数进行区别以及应用易错知识点中自己易错的地方进行整理，发现最大公因数与最小公倍数还是容易混淆，应用的时候分不清到底用什么方法求。这时候就可以把自己的"理解密码"——困惑与同学分享。目的是通过分享交流来进一步理解区别与联系，最终形成属于自己的"理解密码"——感悟。

五、文化探索型

文化探索型作业就是让学生探索数学发展史或者数学在自然与社会中的应用。文化探索型作业主要分为两大类：一是数学史探索型；二是数学应用探索型。其中，数学史探索型作业又分为再现探索型、重构探索型、辅助探索型。

汪晓勤教授借鉴国外学者已有的分类思路，按数学史与数学知识的关联程度，将数学教材运用数学史的方式分成五类：点缀式、附加式、复制式、顺应式、重构式。从作业布置时机和完成步骤来看，顺应式和复制式更适合新知学习前，也就是再现探索型作业；而重构式更适合新知学习中，也就是重构探索型作业；点缀式和附加式更适合新知学习后，也就是辅助探索型作业。由于作业布置时机不同，作业完成的步骤也会不同。

再现探索型的作业步骤是这样的：首先让学生在再现的数学情境中了解数学史料中有关数学问题的背景，然后再学习其中的方法，最后总结内化形成自己的见解。比如，小数的产生就可以先让学生探究小数是怎样产生的，然后从中理解小数的意义，学会读写小数等。再如，以"顺应式"融入欧几里得的命题。如图3-2-1所示，先让学生计算，再让学生继续画，最后微课介绍《几何原本》及相关命题。

计算下面每个平行四边形的面积，你能发现什么？

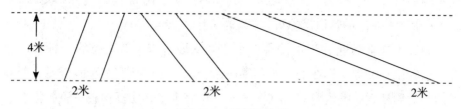

图3-2-1 平行四边形

重构探索型作业步骤是这样的：借鉴或者重构知识的发生发展历史，用发生的方法学习新的内容，然后构建自己的认知方式。例如，在圆的周长的探究过程中，借鉴和重构了圆周率的发展历史，以符合学生认知的方式引入数学概念。

辅助探索型作业可在新知学习后，设计一些数学史的延伸与拓展作业。比如，学习了圆的周长后就可以利用课本中点缀式、附加式里面体现的有关圆的知识，让学生先深入了解"圜丘和祈谷两坛图案""太极图""不同历史时期的硬币"，然后探究毕达哥拉斯的"圆是最美的平面图形"和数学家祖冲之的"圆周率"。

另外，数学应用探索型的步骤和辅助探索型作业步骤相类似。在此不再举例了。

六、问题解决型

这里的问题解决型作业主要包括应用类、调查类、操作类、实验类。刘善娜老师把问题解决型作业分为难度改编类、补充分析类、结构提炼类、实践分析类。在操作步骤上，她主要从"证明推理"推进问题分析和"迁移推理"推进问题分析两个方面进行了阐述。在这里主要从应用类、调查类、操作类、实验类四个类型的特点入手来阐述问题解决型作业的操作步骤。

需要说明的一点是，问题解决型作业的类型区别也只是作业表现形式的需要，"最终要解决的是问题指向的差异"问题。

应用类作业主要是指运用所学知识来解决生活中简单的实际问题，在解决问题的过程中巩固知识、开启心智、训练思维、发展能力的作业。其步骤主要是：首先还原或参与数学应用情境，然后根据应用情境进行解答，最后再回归情境验证问题解决正确与否。如学习了"圆柱的表面积和体积计算"这一知识后，可设计这样的作业：一位农民伯伯有一张长方形的席子，准备把它卷成一个圆柱体放稻谷（接头处不算）。要使它放的稻谷最多，请你为农民伯伯设计一个方案。①底面周长为（　　　），高为（　　　）（取整厘米数）；②求一求它的容积；③从中你发现了什么规律？

调查类作业就是让学生围绕一个主题采取调查方式进行的一种数学作业。这种调查类数学作业的主要步骤应结合调查法的特点和步骤进行：明确目的，编制计划—搜集资料，初步分析—做好准备，实际调查—资料汇总，分析研究。比如，设计"小学生近视情况的调查"。首先让学生明确对小学生近视情况调查的目的是什么，如何设计这次调查，也就是编制近视情况调查的计划，然后根据计划搜集样本学校班级近视情况的资料，并做好简要分析，再准备好相应的表格和调查工具，最后根据分工进行数据的汇总，得出近视情况的调查分析报告。

操作类作业就是让学生遵循操作的规程，以操作为主的数学作业。教师应让学生根据设计数学作业的内容按与之相关的操作规程进行。大体步骤是明确操作目的—了解操作规程—按规程操作—总结感受—得出结论。如在探究圆的周长和直径的关系时，可让学生反复操作，测量不同大小圆的周长和直径，让学生思考：如何测量圆的周长？如何呈现圆的周长和直径的数据？测量时应注意的问题有哪些？测量时有哪些困难？圆的周长和直径存在什么关系？

实验类作业就是让学生通过实验来完成数学作业。这需要根据数学作业的内容来设计实验步骤。可借鉴科学课中演示实验和分组实验的方式方法进行。基本方式是教师或者学生演示实验过程，展示实验现象，引导学生观察、思考、分析实验现象，得出结论。

如：①把几十粒黄豆泡在水中，一天后将水倒掉，盖上一块湿布；②待黄豆发芽后，选择一颗豆芽测量长度并记录；③填入下表，并制成统计图。

豆芽生长情况统计表见表3-2-2。

表3-2-2　豆芽生长情况统计表

时间	第一天	第二天	第三天	第四天	第五天	第六天	第七天
豆芽长度/毫米							

这四种类型的作业步骤设计的主要目的就是让学生在大脑中建构不同问题解决的模型，最终形成解决问题的模型。

七、评价反思型

评价反思型作业就是让学生有条理地表现自己的思考过程，并对其形成评价，进而反思。我们不应该把评价反思型作业单纯地定位为错题的纠正与反思，更不能简单地列为错题本的整理。我觉得应该将学生思考的过程进行可视化呈现，然后学生进行自我评价或他人评价。

例如，让学生把生活、学习中解决问题的方案和过程记录下来，还可以让学生平时记一些数学活动报告、数学小日记或数学小论文等。在作业完成的呈现方式上，也可以不拘泥于以上形式，可以是书面的、电子的、活动展示的；可以独立完成，也可以两人、多人或小组合作作业。在作业完成的时间限制上，可以采用短期与长期结合的方式。

八、周期综合型

学生要花较长时间才能完成的作业就是周期综合型作业吗？这里所说的周期综合型作业主要是指一种以项目、问题、设计为载体，以学用结合为核心，通过各种互动促进学生养成良好学习习惯和解决实际问题的作业。

1. 项目式数学作业

学生通过完成与真实生活密切相关的项目进行学习，是一种充分选择和利用最优化的资源，在实践体验、内心吸收、探索创新中获得较为完整而具体的知识，形成专门的技能并获得发展的实践活动。这主要是基于学生已有的数学知识和基本活动经验，在较为复杂、真实的居家学习生活情境中，通过活动问题设计、家长参与引导等方式，让学生自主地进行问题分析与探究，通过制作作品、经历探究过程来完成自己在学科中的关键能力和必备品质建构的一种学习方式。项目式作业可让数学与其他学科融合，实现跨学科设计，项目式学习作业可以与传统文化、科学实验、体育艺术等结合。基于项目学习的特点，主要采取的步骤为：主题设计—制定规则—搜集资料—形成作品—分享交流—总结反思。

2. 建构式作业

知识的构建是通过新旧知识之间充分、双向的作用而实现的。怎样让学生建构起数学知识体系是这类作业应解决的问题。比如，在学习完或者复习之前，可以先让学生自己去解读知识，梳理沟通知识，完成一份开放的建构式数学作业，可用思维导图的形式呈现。具体可以有三步：①用思维导图对数学知识点进行连接，形成初步建构；②从每个枝节中选取自己的易错点、难点进行二次建构，进一步完善思维导图；③针对思维导图复述回想知识点，最终形成数学知识体系。

3. 综合式作业

综合式作业可包含项目式作业和建构式作业。综合式作业步骤是在参考项目式作业和建构式作业的基础上，按综合式作业设计的顺序或者自主选择顺序进行就可以。另外，刘善娜老师提出的"命题型作业"也可以作为周期综合型作业，但是不要进入"数学题海"。

在指导策略中，布置作业应列入教学计划，认真地研究和选编。这里数学教师还应注意以下几点：

（1）布置的作业务必让学生予以足够的注意。

（2）要计划布置作业的时间。

（3）布置作业时，要向学生讲清作业的目的，明确怎样完成作业，采取什么格式。

（4）作业难度要适当，难易之间要有一定的坡度。

（5）作业分量要适当，以免增加学生的负担。

（6）作业要突出重点，要注意作业的代表性和典型性。

（7）布置作业要留有余地。可根据学生的能力和水平指定不同的作业。

第三节　批改策略

所谓批改，就是批和改。批就是指出答案的正误并提出建议；改就是找出错误的原因并重新做出正确的答案。"数学作业批改具有互动性、过程性和激励性特点。批改作业的过程就是师生、生生相互交流、共同提高的过程。"因此，运用有效的批改策略可以激励学生发展。

那么，什么样的数学作业批改策略才算是有效的呢？在这里，主要从批改作业的主体、批改作业的范围、批改作业的视角、批改作业的评价四个维度进行简要阐述。

（1）从批改作业的主体来看。作业的批改方法按主体可分为：以教师为主体和以学生为主体。以教师为主体的批改方法包括全收全改法、抽批法、阅览法等。以学生为主体的批改方法包括自批式、讨论式、纠错式、评价式、结对式等。

在这里主要谈以学生为主体的作业批改方法。一是自批式。怎样让学生参与作业的批改，也是体现以生为本的一个重要环节。如果单纯一味地由教师批改，那将会失去生本作业的意义，也谈不上真正意义的生本作业。因此，要充分调动学生的自评意识，让学生将自评的过程视为自己再认识、再发展、再完善的过程。具体的做法是：把不同水平的学生安排成前后桌，每四人组成一个小组，选出组长。在教师提出批改要求后，组长负责选取组内"参照作业"。小组内逐题研究，集体批改，然后进行自批和互查。同时，让班内数学班长（多名）对班上数学作业中出现的典型问题进行"会诊"，分析错误原因，提出正确答案供学生参阅；再就是收集数学作业中做题方法新颖巧妙、思路简捷、一题多解等典型范例，及时在全班交流。二是讨论式。在数学作业中有时会有个别学生的解题过程与众不同，但是结果也是正确的情况。有些学生不满足于教师问题的反馈，向教师追个究竟，甚至会有一些独特新颖的见解。讨论批改就适合这种题解灵活、有多种做法的题目的批改。三是纠错式。这种批改形式是一个再做作业的过程。这种方法主要针对一些重点、难点和特别容易混淆的概念，以及容易出错的题目。四是评价式。这种做法主要是为了鼓励学生做作业的积极性。教师不可能经常花大量的时间全面地鼓励评价学生。让学生互相评价，生生互动，就可以很好地解决这个问题。五是结对式。结对式批改所针对的面比较窄，一般是学习优秀的同学批改一些学习有困难同学的作业，以此促进学生间相互帮助，相互学习。

（2）从批改作业的范围来看。批改作业的目的就是想办法让学生自我反省，自我评价。因此，可以采取精批和略批相结合的方法。对优生可简略批改，对后进生可详细批改。家庭作业可以按组抽批，也可以让组长协助批改，还可只检查完成情况。有的学生可实行免批，有的学生可实行作业跟踪。有的专项批改，有的分层选择批改，有的随机抽取批改。长期坚持，学生可从批改中获得一些较为集中而非零散的收获，而我们也做到了既较为全面地把握学生的学习情况，及时调控自己的教学行为，又真正减轻了批改作业的负担。从批改作业的范围来看，作业批改可以分为如下几类：全批全改、全批半改、零作业批改。所谓零作业批改就是把自己用于批阅作业的时间转移到研究学生作业中出现的问题和指导上。

（3）从批改作业的视角来看。根据作业设置的关注点以及四维目标，批改作业的方法可分为如下四类：①关注知识。批改作业的目的之一是关注学生数学作业的对错、知识的掌握程度，通过批改作业，教师能够及时了解学生掌握知识的情况，矫正学生学习过程中的失误，弥补知识的缺陷。②关注思维。在关注知识的同时，教师还要关注学生在作业中所折射出来的思维过程与方法。③关注情感态度与价值观。学生学习努力的程度是学生情感与态度在学习过程中的体现。一般来说，在完成相同学习任务时，学习困难的学生要比优等生付出的努力更多，因此在批改数学作业时，尤其要对付出更多努力却得到错误答案的那一部分学生给予鼓励，引领他们从作业走向社会。④关注数学核心素养。数学知识技能、思想方法和情感态度是数学核心素养发展的基础。数学核心素养是具有数学基本特征的、适应个人终身发展和社会发展需要的人的思维品质与关键能力。教师在批改数学作业的过程中，心中要时刻记得以培养学生数学核心素养为前提和目的，也就是要有胸怀大局、高瞻远瞩的意识和思维，这样才能让作业批改得有效，才能体现生本作业的真正内涵。

（4）从批改作业的评价来看。这一角度可以分横向和纵向两大类。横向就是从全班的角度进行，纵向就是以自己的角度进行。在评价问题的时候，可采取多维度评价标准和多样化的评价方式。①符号指错和多维评价相结合。不要一错就写个大错号，甚至直接写上重做。这样其实对学生的影响弊大于利。为此，我们可以尝试采用一些和学生预定的符号来批改。比如，用"？"表示理解出错，用"！"表示计算错误，用"△"表示方法不准确，用"……"表示答题不完整，等等。这样，符号的交流更能给学生思考的空间，训练学生的思维。另外，不仅要关注知识、技能、思想方法，更要关注情感，也就是要进行多维度评价。②量性等级和质性评语相结合。评价学生的作业仅用分数或等级是不能做到有效评价的。同时，用分数和等级的评价客观性方面重一些，而忽略学生的情感与思想认知。因此，人文主义视野下的生本数学作业，更应关注学生的情感和思想意识。也就需要教师在数学作业批改的过程中带有以鼓励为主的情感交流，用富有鼓励性和针对性的语言去和学生交流互动，达到生本作业的效果和目的。③互联网＋集册相结合。在这一点上，我们充分利用互联网平台，创建工作室的微信公众号，利用公众号平台定期或不定期将精彩的作业进行展示交流，家长和学生对精彩的作业也可以参照，效果很好。每天下午，可以利用微信群、QQ群与学生、家长随时随地地进行作业的交流和评价。除此之外，我们还可以将一段时间内学生精彩的作业及经典的错题编印成册，印发给大家作为学期的总结和反思。

为了保证数学作业批改策略的有效性，同时建议教师在批改作业时遵循以下原则：

（1）时效性原则。时效性原则就是作业批改要注重时效。这里的时效应包括学生完成的时效、教师批改的时效、学生订正的时效。也就是说，首先学生准时完成作业，紧接着教师及时批改，然后学生第一时间收到教师反馈的信息。这样一来，师生双向信息反馈及时有效，教与学的效果也就比较显著。

（2）规范性原则。教师批改作业时评价要准确规范，要及时批改作业，要灵活使用作业批改符号，要公正评价学生作业，要多用鼓励性语言评价学生作业，培养学生严谨的学习态度。学生作业要规范，书写要工整、完整、准确。

（3）教育性原则。教师不要单纯为批改作业而批改，要有沟通意识。也就是通过作业批改，与学生进行心灵沟通，实现作业育人的功能。因此，教师在批改作业时，要针对不同的作业采取不同的批改方式和策略。比如，对作业态度认真、完成质量好的学生加以鼓励表扬，作业中的新颖解法，特别是有创造性的解法应向全班学生介绍，以培养学生的探究精神，等等。总之，就是通过作业的批改培养学生实事求是、独立思考的精神，促进学生在认知、情感、意志等各方面的发展，最终实现作业育人的目标。

（4）灵活性原则。所谓灵活性，就是可以改变传统的批改作业的时间、地点、方式、方法等。根据学生作业时的情绪、掌握情况，采取灵活多样的形式或方式批改。比如，可利用边角料时间或者整节课时间进行批改，也可在走廊、教室、办公室、校园树下进行单独批改；还可采取全批全改、面批面改、互批互改、重点批改等形式。

（5）差异性原则。在作业批改中，坚持差异性原则是指因材施教，使不同的学生得到不同的批改态度。对优等生，要使其了解不足之处；对中等生，要多加开导，帮助其理清思路；对学困生，要心存耐心，期望能唤起他们的上进心。

第四节 讲评策略

数学作业讲评是课堂教学的有机组成部分。所谓数学作业讲评就是教师通过对学生课内作业的观察、交流，从学生课外作业的批改中所获取的反馈信息，在分析研究的基础上，对学生存在的问题或能力缺陷进行的矫正性教学活动。

数学作业讲评应遵循以下基本原则：目的性原则、正确性原则、针对性原则、典型性原则、拓展性原则、及时性原则、启发性原则、导向性原则、激励性原则、互动性原则等。

数学作业讲评的内容应注意的几个问题是：①纠正错误，要体现数学内容的准确性；②规范表达，要体现数学语言的简洁性；③交流想法，要体现数学思维的灵活性；④变式训练，要体现数学认知的发展性；⑤总结规律，要体现数学解题的方法性；⑥指导方法，要体现数学学习的导向性。

通过多年的课题实践研究，我深刻地感受到生本数学作业对课堂的影响力。因为生本作业更多关注学生的知情意行，关注学生思考的过程，关注学生个性的呈现。为此，我们也进行了深刻的反思：如果学生不经历这种体验，我们就会感到生本作业设计与实施过程中的困难。所以，我们思考的问题就是生本作业怎样在课堂上发挥作用；怎么借助生本作业的设计与实施过程中出现的这样或者那样的问题来思考课堂，以此来撬动课堂，激起学生在课堂中探究的欲望。

比如，新知学习前的生本作业设计讲评的影响。学习三角形面积前，布置探究面积推导公式的作业，学生能够基于平行四边形的面积推导顺利完成三角形面积的推导。为了让学生能做这份作业，在平行四边形的教学中我们先总结出了"先把新知转为旧知，再寻找新旧知识的联系，最后得出面积计算公式"这三个探究步骤。这样一来，在讲评三角形面积推导过程时，其实就会涉及梯形等图形的推导。

　　再如，新知学习后的生本作业设计讲评的影响。布置在新知学习之后的生本作业，在讲评时立足于巩固和拓展，往往要求学生呈现比较完整的自我思考的过程。例如，学习2和5的倍数特征时，生本作业设计的题目就是4的倍数特征研究。为了更好地完成这个作业，讲评时2的倍数特征以学生为主进行探究，提炼出"猜想特征—举例验证特征—提炼特征—为什么会有这样的特征"的研究主线，然后对5的倍数特征让学生尝试总结归纳交流。有了这些讲评和交流做铺垫，4的倍数特征的研究就变得轻而易举了，结果也会很精彩。

第四章

数学生本作业案例展示

　　为了全面呈现小学数学生本作业体系，我们在数学生本作业的提出、设计、实施的基础上，从各年级入手，依据数学课程内容尝试按数与代数、图形与几何、统计与概率、综合与实践四个领域设计数学生本作业实例，其主要目的是增加可操作性，便于教师借鉴和参考。基于"大作业"的认识，实例设计时没有呈现作业设置的时间。究其原因是有些作业内容的设计在使用时间的安排上是可以灵活调整的，并不是一成不变的。同时，作业实例原则上按课程内容的四个领域进行呈现，可是作业设计内容存在领域整合或交叉现象，所以在呈现时会以倾向或者侧重的内容进行领域分类。比如，数与代数、图形与几何、统计与概率有时会与综合与实践存在交叉。但是综合与实践领域的作业内容更倾向于"培养学生综合运用有关知识与方法解决实际问题，培养学生的问题意识、应用意识和创新意识，积累学生的活动经验，提高学生解决现实问题的能力"。

第一节　数与代数

【作业题目】用喜欢的数说一句话（一年级上册）

【设计意图】通过对数的表述，把抽象的知识形象化，使学生进一步建立数的概念。让学生产生对数的亲切感，并在这个过程中培养学生观察、收集、处理信息的能力。

【作业设计】让学生从1～10的数字中挑选自己喜欢的数字说一句话。创设一个生活情境，让学生用学过的数字说一说。

【作业题目】比多少（一年级上册）

【设计意图】使学生明确比多少时，不能看是否排的一样长，应通过一一对应或数一数去比较。

【作业设计】在家庭成员中，让学生比一比年龄、体重等，让学生观察判断。

【作业题目】寻找周围的数（一年级上册）

【设计意图】帮助学生更好地认识数字。

【作业设计】家长陪同孩子寻找身边含有10以内数字的事物，用手机拍下来或者画下来，贴在本子上，学生独立写出图片上所含有的数字。

【作业题目】圈出诗句中的数字（一年级上册）

【设计意图】通过找出诗句中的数字，使学生体会数学与文学的联系，体会数字与文学的魅力。

【作业设计】圈出下列诗句中的数字。一去二三里，烟村四五家；亭台六七座，八九十枝花。一片一片又一片，两片三片四五片。六片七片八九片，飞入芦花都不见。

【作业题目】游戏20扑克牌（一年级上册）

【设计意图】将所学的知识融入游戏中，提高学生的积极性，并让学生在游戏中提高计算能力。

【作业设计】学生每人准备一副扑克牌，在校与同学，在家与父母一起玩游戏。注意规则：两人一组，每轮中每人各出一张，抢答两数的和与差。谁算得快，对方（慢者）的牌归自己（快者），最后扑克牌多者为胜。

【作业题目】快乐的一天（周末）（一年级上册）

【设计意图】让学生加深对时间的认识，建立时间观念，在生活中学习认识时间。

【作业设计】让学生用卡通连环画的形式画出一天的活动，并用简短的一句话描述画面中的生活情境。可与家长合作完成。

【作业题目】古代计时工具（一年级上册）

【设计意图】使学生在了解计时工具的同时感受古代人的聪明才智，激发学生的探究欲望和民族自豪感。

【作业设计】学生之间相互说一说，日晷和铜漏壶是怎样计时的？

【作业题目】认识钟表（一年级上册）

【设计意图】结合生活经验，会认、读、写整时，培养学生初步建立时间观念，以及从小珍惜时间和遵守时间的良好观念。

【作业设计】和父母一起制作一个钟表，互相拨出时间让对方认读，并说一说相应时间的日常活动。

【作业题目】解决问题（一年级上册）

【设计意图】题目中含有隐性条件，需要借助画图，帮助理解题目和解决问题，让学生再次感受画图策略的重要性。

【作业设计】我前面有9人，后面有5人，一共有多少人？画一画、说一说自己的想法。

【作业题目】说出得数是13的所有算式（一年级上册）

【设计意图】让学生熟练掌握20以内的计算。

【作业设计】每人以卡片的形式准备9加几，8加几……，然后小组内分工找出对应的卡片。

【作业题目】考考你（一年级上册）

【设计意图】锻炼学生的审图能力和口语表达能力。

【作业设计】每人准备一幅画，自己画出图片。课堂上出示并说出图画的内容及问题，让其他同学解决。例如，原来有2个苹果，妈妈又买来了3个，现在一共有几个？

【作业题目】小猫钓鱼（一年级下册）

【设计意图】使学生在学习过程中体验数学与生活的密切联系并探索学习的乐趣，培养学生应用数学的意识。

【作业设计】蓝猫和菲菲从五彩池子里钓到好多鱼。蓝猫说："我钓到的多。"菲菲说："不，是我钓到的多。"蓝猫说："这里共13条金鱼，我钓到了8条花金鱼，你钓到了几条鱼？"可金鱼游来游去，眼花缭乱，看不出来了。同学们，请你帮帮他们吧。

【作业题目】找朋友（一年级下册）

【设计意图】通过游戏的方式，找得数相同的算式，既练习20以内的退位减法，又使学生初步感受差相等的两个减法算式之间的关系。

【作业设计】学生分组分工制作出20以内的退位减法卡片，然后在组内、班内进行找得数相同的卡片的游戏。

【作业题目】选一选（一年级下册）

【设计意图】培养学生的数感和表达能力。通过让学生阐述自己的想法，使学生逐步形成思考的方法，并培养学生的数学表达能力。

【作业设计】青蛙小绿吃了35只害虫，青蛙小跳比它少一些，青蛙小豆比青蛙小绿吃的多得多。用语言描述小跳和小豆吃了多少只害虫。

【作业题目】摆一摆，想一想（一年级下册）

【设计意图】使学生发现规律，并能用发现的规律解决一些简单的问题，培养学生的归纳能力，使学生在自主探索中体会有序思考的重要性。

【作业设计】让学生准备4个球，或者5个球。摆一摆，想一想，能摆出哪些不同的数？发现了什么？

【作业题目】猜一猜（一年级下册）

【设计意图】加深学生对数的大小的体会，同时让学生感受"区间套"的逐步逼近的思想方法。

【作业设计】猜一猜瓶子里有多少个珠子？可找一个玻璃瓶子放入一些彩色球，让学生猜一猜，用多了或者少了表述。

【作业题目】你知道吗？（一年级下册）

【设计意图】使学生初步了解在生活中表示商品价格（或钱数）还有另外一种方式，知道用小数形式表示的价格是多少钱。

【作业设计】课本P56页"你知道吗？"。

【作业题目】人民币的认识（一年级下册）

【设计意图】在对人民币清点的过程中巩固人民币元、角、分的进率，以及人民币的兑换。

【作业设计】请同学们回家，让爸爸妈妈帮忙，一起用硬卡纸和彩笔制作"人民币"。在班里开一个文具商店，分别扮演售货员、顾客，进行人民币简单的计算，两同学进行人民币兑换。说说是怎么做的，最后进行优化。

【作业题目】算一算（一年级下册）

【设计意图】锻炼学生分析问题和解决问题的能力。

【作业设计】平平给芳芳3枚邮票，两人的邮票就一样多了，原来平平的邮票比芳芳的多几枚？

【作业题目】算一算（一年级下册）

【设计意图】解决连减同数的问题，让学生经历分一分、圈一圈、减一减的过程，为学生今后更好地理解除法的意义打基础。

【作业设计】用30根小棒拼出六边形，最多可以拼出几个？

【作业题目】做动作，猜规律（一年级下册）

【设计意图】让学生在有趣的游戏活动中发现规律，表述规律，利用规律，体验规律无处不在。

【作业设计】课本P86数学游戏。

【作业题目】小小设计家（一年级下册）

【设计意图】让学生在游戏活动中发现规律，应用规律。

【作业设计】在六格子的正方形中画出正方形、三角形、圆形，使每行每列都有这三种图形。

【作业题目】数学游戏（二年级上册）

【设计意图】探究7～9乘法口诀的来源，理解每一句乘法口诀的意义。熟记7～9的乘法口诀。

【作业设计】在家与父母进行口诀游戏，熟练掌握乘法口诀。要求：卡片1～9若干张，两人平分，每人出一张，谁口算得快归谁。

【作业题目】超市购物（二年级上册）

【设计意图】在熟记7～9的乘法口诀后会用乘法口诀解决简单的实际问题。

【作业设计】调查学习用品区各种学习用品的单价（不要超过10元，整数元），选择两个，提出用乘法解决的问题，并解答。

【作业题目】拨表练习（二年级上册）

【设计意图】通过拨表练习加强学生对几时几分和几时半的认识，培养学生珍惜时间的观念。

【作业设计】父母说几时几分或几时半，学生拨表。也可以指定时间后，再过5分是什么时间？再过一刻是什么时间？等等。

【作业题目】生活时间（二年级上册）
【设计意图】让学生进一步认识时间，培养学生合理安排时间的习惯。
【作业设计】要求写出自己一天的生活时间及在干什么。

【作业题目】找规律（二年级上册）
【设计意图】让学生观察，感知规律的存在，培养学生归纳概括的能力。
【作业设计】18+81=99，27+72=99，36+63=99……有什么规律？照样子还能写出几个？

【作业题目】我会称（二年级下册）
【设计意图】使学生逐步掌握估量的方法，培养学生估测的能力。
【作业设计】在家中找一些物品，估计轻重，然后用秤称出重量。

【作业题目】哪个重一些？（二年级下册）
【设计意图】使学生认识质量单位克和千克，并让学生运用克和千克的知识解决生活中的实际问题。
【作业设计】1千克棉花和1千克铁比较，哪个重一些？为什么？

【作业题目】数的组成（二年级下册）
【设计意图】加强数的读法、写法的训练，增强学生的数感。
【作业设计】在计数器上表示下面各个数，并说一说它们的组成。

四千八百七十六　　九千九百　　五千零七

【作业题目】写数（二年级下册）
【设计意图】强化数的读写法，培养学生的数感。
【作业设计】在算盘上拨出一个数，让学生先读出来再写出来。

【作业题目】比一比谁最大（二年级下册）

【设计意图】使学生熟练掌握万以内数大小比较的方法。

【作业设计】先制作0～9的卡片，然后请你和父母从0～9这几张卡片中背着数字每人翻4张，比一比谁组成的四位数大。

【作业题目】小能手（二年级下册）

【设计意图】提高学生两级混合运算的计算能力，培养学生归纳总结法则的能力。

【作业设计】23+6-11，2×8÷4，20-8÷2，7×5-3。

【作业题目】优惠（二年级下册）

【设计意图】帮助学生理解题意，探索解题思路，培养学生的推理能力和口头表达能力。

【作业设计】课本56页第7题，找出最佳方案：李老师本来准备买4个皮球，你认为他应该怎样买？每个5元，购买5个以上，每个优惠1元。最佳方案是（　　　）。

【作业题目】推理（二年级下册）

【设计意图】通过摆小棒，使学生巩固有余数的除法的含义，探索余数和除数的关系，理解余数比除数小的道理。

【作业设计】用一堆小棒摆一个五边形，如果有剩余，可能会剩几根小棒？如果用这些小棒摆三角形呢？

【作业题目】我会分（二年级下册）

【设计意图】让学生理解平均分的含义，通过画一画、分一分、圈一圈，巩固平均分的含义。

【作业设计】把18个圆圈平均分，怎么分？画一画、圈一圈，交流圈法。

【作业题目】我会分（二年级下册）

【设计意图】初步理解除法的含义，掌握用除法算式表示平均分的方法。

【作业设计】把下面的图片平均分，怎样分？画一画、圈一圈，交流分法。用不同颜色先圈一圈，分一分，再列出除法算式。

○○○○○○
○○○○○○
○○○○○○
○○○○○○
○○○○○○

【作业题目】体验1秒、1分能做哪些活动？（三年级上册）

【设计意图】通过动作、声音等多种活动，体验1秒、1分究竟有多长，帮助学生建立1秒的时间观念。

【作业设计】计时1秒、1分，学生选择一项活动并记录活动的次数。

【作业题目】认识各种表（三年级上册）

【设计意图】充分利用学生已有的生活经验，让学生认识时间的计量工具，体会它们的不同用途。

【作业设计】搜集生活中常见的各种表，并了解其用途。

【作业题目】用估算的方法解决问题（三年级上册）

【设计意图】根据学生已有的知识水平，让学生学会一些基本的估算方法，让他们在实际运用的过程中感悟并逐步内化为估算能力。

【作业设计】诸葛亮影院有441个座位，一到三年级来了221人，四到六年级来了239人，六年级的学生同时坐得下吗？

【作业题目】按计划购物（三年级上册）

【设计意图】用估算的方法解决生活中的实际问题，真正体会估算的必要性和价值。

【作业设计】和妈妈一起带100元钱去超市，有计划地购物，最多能买哪些物品？

【作业题目】估算本年级人数（三年级上册）

【设计意图】主要考查学生是否养成口算解决实际问题的习惯。

【作业设计】调查本年级两个班的人数，求出两个班人数的和与差。估算本年级四个班的总人数。

【作业题目】想一想，填一填（三年级上册）

【设计意图】关注前后知识的联系，让学生在类推中探索。

【作业设计】只用数字8组成五个数，填入下面的方框，使等式成立。

（　　　）+（　　　）+（　　　）+（　　　）+（　　　）=1000

【作业题目】你会梳理吗？（三年级上册）

【设计意图】让学生学会整理的方法。

【作业设计】自主梳理万以内数的加减法，可以采用树形、思维导图等方法。

【作业题目】倍的知识你学会了哪些？（三年级上册）

【设计意图】在建立倍的概念后，让学生学会应用倍的概念解决实际问题。

【作业设计】自己举例说明：求一个数是另一个数的几倍的问题，并解决。自己举例说明：求一个数的几倍是多少的问题，并解决。

【作业题目】倍的认识（三年级上册）

【设计意图】进一步理解倍的概念，感受数学与实际生活的联系。

【作业设计】（　　　）的（　　　）倍是（　　　）。从数字2、3、4、6、8、12中选3个数填空，你有几种选法？

书包的价格是48元，文具盒的价格是8元，书包的价格是文具盒的多少倍？你会画关系图吗？动手画一画吧！

【作业题目】有趣的计算（三年级上册）

【设计意图】拓宽思路，渗透等比变化的思想。

【作业设计】一种细菌，每过1分钟，就由原来的1个变成2个。经过3分钟，这种细菌的数量是原来的多少倍？

【作业题目】找规律（三年级上册）

【设计意图】激发学生学习数学的兴趣，培养学生归纳推理的能力。

【作业设计】观察下面各题，你能发现什么规律？

$$99 \times 1=99$$
$$99 \times 2=198$$
$$99 \times 3=297$$
$$99 \times 4=396$$
……

【作业题目】找规律（三年级上册）

【设计意图】激发学生学习数学的兴趣，培养学生归纳推理的能力。

【作业设计】你能发现什么规律？请依次写出几个算式。

$$1 \times 9+2=11$$
$$12 \times 9+3=111$$
$$123 \times 9+4=1111$$
……

【作业题目】搜集分数历史（三年级上册）

【设计意图】通过搜集资料，了解分数历史的知识，渗透数学文化，感受数学的趣味性和应用性。

【作业设计】搜集有关分数历史的知识，讲给大家听。

【作业题目】折一折（三年级上册）

【设计意图】通过操作活动，巩固学生对分数含义的理解，培养学生的观察能力。

【作业设计】拿一张长方形的纸对折，再对折，填写下表（表4-1-1），你能发现什么规律？

表4-1-1　作业设计表

对折的次数				
平均分成的份数				
每份是这张纸的几分之一				

【作业题目】分数的初步认识（三年级上册）

【设计意图】通过动手画一画，引导学生对直观图形进行研究，使学生熟练掌握几分之一，使学生体会数学来源于实际需要以及与生活的联系，进一步产生对数学学习的兴趣。

【作业设计】如图4-1-1所示，下面是一张小正方形的纸，你能分别表示出它的二分之一、四分之一、八分之一吗？试着画一画吧！

图4-1-1　作业设计图

【作业题目】做一做：2020年的年历表（三年级下册）

【设计意图】丰富对年、月、日的感性认识，加深学生对年、月、日的认识，同时渗透感恩父母、孝敬父母的教育。

【作业设计】做2020年的年历卡，把你的生日（几月几日）和你父母的生日（几月几日）用彩笔在上面的年历中圈出来。

【作业题目】探究平年、闰年（三年级下册）

【设计意图】了解平年、闰年产生的原因。

【作业设计】让学生查找资料，然后在小组内交流：为什么会有平年、闰年？

【作业题目】小数的初步认识（三年级下册）

【设计意图】通过对一位小数的初步认识，使学生认识到小数在实际生活中的应用，培养学生的观察能力、概括能力和类推能力以及热爱生活、热爱数学的情感。

【作业设计】孩子们，在生活中你见过像3.45、0.85、1.2和1.5这样的数吗？你在哪里见到的？和爸爸妈妈说一说？你认识它们吗？它们有一个共同的名字叫小数。如图4-1-2所示，你能在下面的方框把小数写出来吗？假如这是一把米尺，你能在上面找到你和父母身高的位置吗？标出来吧！

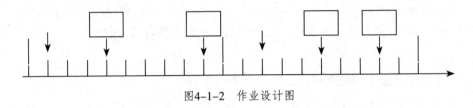

图4-1-2　作业设计图

【作业题目】找规律（三年级下册）

【设计意图】放手让学生自主探究规律，发展学生的思维能力。

【作业设计】计算下面第一列各题，你发现了什么规律？请根据规律直接填写其他各题的得数。

$$31 \times 11 \quad 41 \times 11 \quad 51 \times 11$$
$$32 \times 11 \quad 42 \times 11 \quad 52 \times 11$$
$$\cdots\cdots$$

【作业题目】找规律（三年级下册）

【设计意图】放手让学生自主探究规律，发展学生的思维能力。

【作业设计】计算下面第一列各题，你发现了什么规律？请根据规律直接填写其他各题的得数。

$$15 \times 15 \quad 25 \times 25 \quad 35 \times 35 \quad 45 \times 45$$
$$55 \times 55 \quad 65 \times 65 \quad 75 \times 75$$

【作业题目】探索规律（三年级下册）

【设计意图】放手让学生探索规律，培养学生的推理能力。

【作业设计】"十位同一"的两位数乘法。$12 \times 13 = 1（2+3）（2 \times 3）$ $=156$。仔细观察上面的算式，你发现了什么规律？请根据规律直接写出下面各题的得数。

$$14 \times 12 \qquad 16 \times 13 \qquad 18 \times 12 \qquad 18 \times 14$$

【作业题目】租船方案（三年级下册）

【设计意图】充分利用教材资源，拓展学生的思维空间，让学生体会到生活中留心观察，就能发现和提出数学问题。

【作业设计】双人船：25元/时，四人船：35元/时。我们7人租2条船吧？玩一个小时，每人要花多少钱？还可以怎样租船？要花多少钱？

【作业题目】探究除号"÷"（三年级下册）

【设计意图】让学生理解除号"÷"的意义，感受数学文化的魅力，培养学生收集、整理数学信息的能力。

【作业设计】课外查阅资料或在网上搜索关于除号"÷"的数学史料，再到课上进行集体交流。

【作业题目】我是计算小能手（三年级下册）

【设计意图】熟练掌握三位数除以一位数的计算方法；从组数到组题，变化万千，让学生多练多算，提高计算的准确性与熟练程度。

【作业设计】从0~9的数字卡片中任意拿出4张，编几道三位数除以一位数的除法题，并计算出来。

【作业题目】学会花钱（三年级下册）

【设计意图】综合应用所学知识解决稍复杂的实际问题。

【作业设计】3位老师带50名学生参观植物园，怎样买票最划算？成人票10元，学生票5元，团体10人以上6元。设计和家人春游一次的购票方案，怎样买票最划算？

【作业题目】学会估算（三年级下册）

【设计意图】利用生活经验与已有知识分析问题，并用估算的策略解决实际生活中的问题。

【作业设计】利用周末和爸爸妈妈去超市，通过花钱买物品，再估算每件物品大约多少钱？例如，买了3箱牛奶156元，每箱大约多少钱？

【作业题目】生活中的小数（三年级下册）

【设计意图】让学生在大量生活事例中获得对小数的感性认识。

【作业设计】让学生调查自己在生活中见到的小数，了解小数的发展史。例如，超市里商品的价格、气温、体温等。

【作业题目】我能行（四年级上册）

【设计意图】让学生对大数有进一步的了解，会按要求写出相应的数。

【作业设计】用4个6和4个0分别按要求组成一个八位数：①只读一个零的八位数；②只读两个零的八位数；③读三个零的八位数；④一个零也不读出来的八位数。

【作业题目】我能行（四年级上册）

【设计意图】让学生对大数有进一步的了解，会按要求写出相应的数。

【作业设计】分别用2、3、7、9和4个0共8个数字按要求组成一个八位数：①组成1个最大的八位数；②组成1个最小的八位数；③组成1个要读三个零的八位数；④组成1个最接近1亿的八位数。

【作业题目】探索园（四年级上册）

【设计意图】培养学生有序的思想，加深学生对三位数乘两位数的理解。

【作业设计】用0、2、4、5、7这5个数字组成三位数乘两位数的乘法算式，你能写出几个？（学生能写几个算几个，不要求全部写出）你能写出乘积最大的算式吗？

【作业题目】面积的变化（四年级上册）

【设计意图】加深学生对积变化规律的理解。

【作业设计】一个长方形的面积是256平方厘米，如果长乘8，宽除以4，这个长方形的面积是多少？

【作业题目】小探究（四年级上册）

【设计意图】加深学生对积变化规律的理解，让学生掌握探究规律的方法。

【作业设计】在本单元的学习中，我们在探究积的变化规律时研究了"一个因数不变，另一个因数乘（或除以）几，积如何变化"的规律。现在你能不能像课本探究这一规律那样，研究以下规律：两个因数同时变化时，积有什么变化规律？当两个因数发生什么变化时，积不变？可选择一个问题进行研究。

【作业题目】除数是两位数除法的试商小窍门（四年级上册）

【设计意图】通过让学生感悟、总结所学知识，既让学生体验到计算的乐趣，减少试商的次数，又提高了学生计算的速度。

【作业设计】尝试总结除数是两位数除法的试商小窍门，并把它编成口诀或者儿歌。

【作业题目】探索园（四年级上册）

【设计意图】加深学生对有余数除法的理解，培养学生的推理能力。

【作业设计】小明在计算一道除法题时，错把除数24写成了42，得到的商是4，余数是7，正确的商是多少？余数是多少？

【作业题目】巧填运算符号（四年级下册）

【设计意图】让学生在活动中加深对运算符号的作用的理解。

【作业设计】在○里填上适当的运算符号，使等号两边相等。

3○3○3○3=1　　3○3○3○3=2

3○3○3○3=3　　3○3○3○3=7

3○3○3○3=8　　3○3○3○3=9

【作业题目】四则运算（四年级下册）

【设计意图】使学生进一步掌握四则运算的顺序。

【作业设计】通过前面的学习，我们已经知道了四则混合运算的顺序。举

例说明四则运算的顺序。（至少举2例）

【作业题目】优化——旅游（四年级下册）

【设计意图】让学生通过计算、比较选出合理的方案，让学生感受数学与生活的联系，增强应用数学的意识和能力。

【作业设计】某旅行社推出"××风景区一日游"的两种价格方案：

方案一　　　　　　　方案二

成人每人120元　　　团体5人以上（包括5人）

儿童每人50元　　　　每人90元

成人6人，儿童4人，选择哪种方案划算？

成人4人，儿童6人，选择哪种方案划算？

据方案一、方案二的条件，能设计一种更优的方案吗？

【作业题目】神奇的扑克牌（四年级下册）

【设计意图】激发学生学习的兴趣，培养学生思维的灵活性。

【作业设计】下面4张扑克牌（黑桃2、红桃3、梅花4、方片6）上的点数经过怎样的运算才能得到24呢？（每张扑克牌都用上且只能用一次）

【作业题目】简便计算（四年级下册）

【设计意图】让学生掌握并加深理解学过的课堂知识；对学过的知识融会贯通，举一反三，也就是我们常说的"知识的巩固"与"技能的强化"和"能力的培养"。

【作业设计】回顾本单元学过哪些简便运算的方法，收集或自己设计一些可以使用简便计算的实际问题，并解答。

【作业题目】小探究（四年级下册）

【设计意图】能用已有知识和活动经验自主探究运算定律。

【作业设计】通过本单元的学习，你已经掌握了加法、乘法的运算定律，也学会了探究运算规律的一般方法。请用学过的方法试着研究下面的运算定律：$(a+b) \div c = a \div c + b \div c$（其中$c \neq 0$），并举例。

【作业题目】运算定律（四年级下册）

【设计意图】让学生对学过的知识进行归纳总结，培养学生的归纳概括能力。

【作业设计】把本单元学过的运算定律用自己喜欢的方式进行归纳总结，并用字母表示出来。

【作业题目】巧填单位名称（四年级下册）

【设计意图】激发学生学习的兴趣，让学生进一步了解各单位之间的关系。

【作业设计】在括号里填上适当的单位名称，使等式成立。

24（　　　）=1（　　　）

7（　　　）+5（　　　）=1（　　　）

40（　　　）+20（　　　）=1（　　　）

30（　　　）+70（　　　）=1（　　　）

200（　　　）+800（　　　）=1（　　　）

1（　　　）−9（　　　）=1（　　　）

【作业题目】我能行（四年级下册）

【设计意图】让学生对小数有进一步的了解，会按要求写出所需要的小数。

【作业设计】用5、0、7、3这几个数字和小数点"."写出下面各数，每个数字都要用上并且只能用一次：①小于3且小数部分是三位的小数；②大于7且小数部分是三位的小数；③0不读出来且小数部分是两位的小数。

【作业题目】小数点的错误（四年级下册）

【设计意图】加深学生对小数读写的认识，加强学生推理能力的培养。

【作业设计】小明在观看2010年体操世界杯葡萄牙站赛事时，把女子平衡木冠军桑切斯的得分念成了一百四十点二五分，爸爸说："你把小数点的位置弄错了，我听播音员读出桑切斯的得分时，念出了一个零。"你知道桑切斯的得分到底是多少吗？

【作业题目】小数的"秘密"（四年级下册）

【设计意图】通过找一找、想一想、说一说等活动进一步了解小数，感受数学与生活的联系。

【作业设计】同学们赶快和爸爸妈妈一起找一找购物小票、商品上的标签等，搜集小数并且说一说它们表示的含义，比一比它们的大小等，探究小数的"秘密"吧！

【作业题目】小数乘整数（五年级上册）

【设计意图】让学生自主探索小数乘整数的计算方法，体会知识之间的联系。初步掌握小数乘整数的计算方法，潜移默化地进行旧知迁移，让学生加深对算理的理解。

【作业设计】笔算：38×4　　42×18

　　　　　用计算器计算：6×3　　126×4　　45×16

　　　　　　　　　　　0.6×6　　1.26×4　　45×1.6

观察这几组算式，你的发现是_____。

每个笔记本0.6元，买3个用多少钱？根据你的发现，直接写出结果。对吗？你想用什么方法来验证？

【作业题目】小数乘法（五年级上册）

【设计意图】让学生自主探究确定积的小数点位置的方法。

【作业设计】请根据$396 \times 17 = 6732$确定下面各题积的小数点位置。

　　　　　$39.6 \times 17 =$　　　　$396 \times 0.017 =$

　　　　　$3.96 \times 17 =$　　　　$3.96 \times 1.7 =$

　　　　　$0.396 \times 17 =$　　　　$0.396 \times 0.017 =$

　　　　　$396 \times 1.7 =$　　　　$0.396 \times 0.17 =$

　　　　　$396 \times 0.17 =$　　　　$39.6 \times 0.17 =$

如果是□□□.15×□□□.15，积会是几位小数？□□□.12×□□□.15呢？

介绍一下你对积的小数点的定位的秘密的认识吧。

【作业题目】小数乘法的运算定律（五年级上册）

【设计意图】让学生理解整数乘法的运算定律在小数中同样适用，并会应用在小数乘法的简便计算中，让学生体会"旧知迁移"的学习方法。

【作业设计】整数乘法的运算定律有哪些？小数乘法适用吗？

$0.7 \times 1.2 \bigcirc 1.2 \times 0.7$　　　　$（0.8 \times 0.5）\times 0.4 \bigcirc 0.8 \times （0.5 \times 0.4）$

$（2.4+3.6）\times 0.5 \bigcirc 2.4 \times 0.5+3.6 \times 0.5$

我的发现：_____。根据发现自己设计3道小数乘法简便计算题。

【作业题目】小数除法（五年级上册）

【设计意图】突破转化成除数是整数的除法后再口算的难点。

【作业设计】$3.6 \div 0.4=0.9$，对吗？为什么？怎样发现它是错的？你近期出现过哪些计算错误？请摘录分析，并写一写现在有什么方法可以减少这类错误。

【作业题目】小数除法（五年级上册）

【设计意图】让学生根据实际情况，合理运用"进一法"和"去尾法"截取商的近似数，让学生体会数学来自生活，提高学生学习数学的兴趣。

【作业设计】和父母一起列举生活中的"进一法"和"去尾法"的应用，根据应用举例分别编一道解决实际问题的题目并解答在作业纸上。（互相介绍自己的解答）

【作业题目】数字黑洞（五年级上册）

【设计意图】增加学生的数学文化知识，提高学生数学素养。

【作业设计】任意选4个不同的数字，按从大到小的顺序排成一个数，再按从小到大的顺序排成一个数，用大数减去小数（如1，2，3，0，就用3210-123）。用所得结果的四位数重复上述过程，看看进行到第七步会得什么结果，多试几组数，看看会出现什么情况。

【作业题目】等式性质（五年级上册）

【设计意图】巩固对等式性质的理解。

【作业设计】让学生根据等式性质设计并画出四幅天平图。

【作业题目】**方程的意义（五年级上册）**

【设计意图】让学生进一步掌握方程的概念特征，尝试用方程模型解读生活中的问题。

【作业设计】它们是方程吗？为什么？

$$6x-（\quad\quad）=133+（\quad\quad）=12$$

用$4+3x=60$这个方程，描述一件生活中的事。

【作业题目】**因数与倍数（五年级下册）**

【设计意图】知道有关概念之间的联系和区别，逐步发展学生的数学抽象能力和推理能力。

【作业设计】$8×0.4=3.2$，$8×4=32$，你从哪个式子里能发现谁是谁的因数，谁是谁的倍数。因数、倍数有什么特点？搜集生活中的自然数，用奇数、偶数、质数、合数来描述。

【作业题目】**2、3、5的倍数（五年级下册）**

【设计意图】让学生在经历探究2、3、5的倍数的基础上，独立经历其他数的倍数的探究过程，培养学生分析类推的能力。

【作业设计】4的倍数会有什么特征？9的倍数会有什么特征？12是3的倍数，6是3的倍数，它们的和是3的倍数吗？

【作业题目】**哥德巴赫猜想（五年级下册）**

【设计意图】让学生进一步理解偶数和质数的关系，探究数学中的奥秘，感受数学文化之美。

【作业设计】游戏：两人一组，一人给出大于2的偶数，另一个人找出和为此数的两个质数。游戏中$4=2+2$，$6=3+3$，$8=5+3$，$10=7+3$，$12=7+5$，$14=11+3$……那么，是不是所有大于2的偶数都可以表示为两个质数的和呢？

【作业题目】**分数的基本性质（五年级下册）**

【设计意图】初步理解分数的基本性质，通过操作、观察、概括等方式培养学生的合理推理能力。

【作业设计】用三张同样大小的正方形纸分别用对折的方法平均分成2份、4份、8份，并画出折痕所在的直线，涂色表示出二分之一、四分之二、八分之四，比较三张正方形纸涂色部分的大小，你发现了什么？它们的分子、分母各是按照什么规律变化的？你还能举出几个这样的例子吗？根据上面的例子，你可以得出什么规律呢？

【作业题目】分数的意义（五年级下册）

【设计意图】通过画一画、写一写，让学生进一步感悟单位"1"及分数的含义。

【作业设计】如果用1厘米的线段表示三分之一，请你在它的基础上画出整个"1"。如果用1厘米的线段表示五分之三，请你在它的基础上画出整个"1"。请一步一步写清楚这两个"1"，你分别先画什么再画什么。

【作业题目】约分（五年级下册）

【设计意图】了解与约分有关的数学史料，并进一步巩固约分的方法，感受我国古代人民的智慧。

【作业设计】我国古代的数学著作《九章算术》介绍了"约分术"，被称为"更相减损术"。你能举例介绍吗？

【作业题目】分数的加法和减法（五年级下册）

【设计意图】初步理解分数加法的含义和算理，培养学生的概括能力。

【作业设计】用折纸制作一张大饼，平均分成8份，妈妈吃了这张饼的八分之一，爸爸吃了这张饼的八分之三，爸爸和妈妈一共吃了多少张饼？用你制作的大饼分一分、看一看，你能列式解决这个问题吗？怎样计算呢？能再举几个这样的计算题做一做吗？对于这种计算方法你能试着总结一下吗？

【作业题目】称一称、算一算（六年级上册）

【设计意图】让学生应用所学知识解决生活中的实际问题，体验学习的乐趣，同时关注自己的身心健康。

【作业设计】儿童的负重最好不要超过体重的二十分之三，如果长期背负过重的物体，会导致腰痛及背痛，严重的甚至会妨碍骨骼成长。称一称自己的体重和书包的质量，算一算你的书包超重了吗？

【作业题目】解决问题（六年级上册）

【设计意图】利用分数乘法的有关知识，解决实际问题，培养学生思维的灵活性。

【作业设计】刘伯伯有一块菜地共500平方米，用它的四分之三种白菜，它的五分之一种萝卜，其余的种菠菜，种菠菜的面积有多少平方米？

一本故事书共100页，小红第一天读了全书的五分之一，第二天读了剩下的四分之一，第三天应从第多少页读起？

【作业题目】分数除法话本剧（六年级上册）

【设计意图】通过复习分数除法，让学生更牢固地掌握分数除法的意义及算理。采用逆推的方法，从错误结果入手，分析错误原因。

【作业设计】粗心的小马在计算一个数除以$\frac{3}{8}$时，看成了乘$\frac{3}{8}$，结果得到$\frac{9}{10}$，小马计算的这道算式的正确结果应该是多少？（把计算过程分角色跟爸爸妈妈演一演，开启你想象的翅膀……）

【作业题目】远离吸烟（六年级上册）

【设计意图】通过调查家长是否吸烟，并计算吸烟人数占调查人数的几分之几，让学生知道吸烟的危害，远离吸烟，并体会数学与生活的联系。

【作业设计】调查本班家长的吸烟情况（主要是男性），计算吸烟人数占调查人数的几分之几。同学间交流吸烟的危害。

【作业题目】解决实际问题（六年级上册）

【设计意图】通过分析、解决问题，培养学生的应用意识，提高学生解决问题的能力。

【作业设计】一个足球72元，比一个篮球贵三分之一，一个篮球多少元？

六年级同学为学校图书室整理图书，他们已经整理了1200本，还剩五分之四没有整理，图书室一共有多少本图书？

【作业题目】黄金比（六年级上册）

【设计意图】通过收集资料并进行交流，使学生充分感受数学与现实生活的紧密联系，体会数学的价值和美。

【作业设计】通过查阅资料收集一些有关黄金比的信息与同学交流。

【作业题目】寻找生活中的比（六年级上册）

【设计意图】让学生通过搜集生活中的信息，写出合适的比，加深学生对比的意义的理解，让学生感受数学与生活的联系。

【作业设计】搜集生活中的信息，并用比来表达这些信息中各个量之间的关系。比如，爸爸的体重是75千克，我的体重是45千克，爸爸的体重与我的体重的比是5∶3。你知道父母的年龄吗？先写出你和爸爸或妈妈年龄的比，并求出比值；再写出10年前你和爸爸或妈妈的年龄比，也求出比值。这两个比值相同吗？想一想，为什么？

【作业题目】应用生活中的比（六年级上册）

【设计意图】写出合适的比，加深学生对比的意义的理解，让学生感受数学与生活的联系。

【作业设计】周末时间，妈妈准备做三鲜馅的水饺，你能帮妈妈准备各种食材吗？三鲜馅饺子中虾仁、韭菜和鸡蛋的质量比是1∶3∶2。

【作业题目】比（六年级上册）

【设计意图】理解比的意义，掌握比的基本性质，比较比和比值的联系和区别。通过复习比的有关知识，加深巩固知识，为后续学习打好基础。

【作业设计】亲爱的同学们，我们已经和"比"成了好朋友，你能向爸爸妈妈介绍一下什么叫作比吗？在"比"这个大家庭里，切记"比"和"比值"是有区别的。而"比"和除法、分数之间的秘密你又知多少呢？你对"比"的基本性质并不陌生吧！举例说明"比"在生活中的实际应用。例如，疫情中会用到消毒水，请大家研究消毒水中的数学。

【作业题目】找一找生活中的百分数（六年级上册）

【设计意图】使学生进一步理解百分数的意义，感受数学与生活的联系。

【作业设计】找一找生活中的百分数，并说说它们的含义。

【作业题目】保护眼睛，关爱健康（六年级上册）

【设计意图】感受百分数在生活中的应用。知道保护眼睛，预防近视的重要性。

【作业设计】调查本班学生近视眼的情况，填写下表（表4-1-2）：

表4-1-2　学生近视眼情况调查表

项目	人数/人	占全班人数的百分之几
近视眼的人数		
不近视眼的人数		

交流怎样保护眼睛，预防近视。

【作业题目】数字黑洞（六年级上册）

【设计意图】通过查阅资料了解数字黑洞，感受数学的趣味性。

【作业设计】查阅资料，了解数字黑洞。通过计算亲身感受数字黑洞。例如，165，651-156=495。

【作业题目】画一画、填一填（六年级上册）

【设计意图】让学生利用数形结合的方法解决实际问题。

【作业设计】如图4-1-3所示，请你接着画一画，并猜测第8个图形中一共用几根小棒？

图4-1-3　作业设计图

【作业题目】生活中的负数（六年级下册）

【设计意图】能综合运用收集、选择、整理等多种方法完成特定的数学实践任务。通过实践任务，使学生进一步了解负数，发现负数就在我们身边。

【作业设计】寻找生活中的负数，并说明负数表示的意义。

【作业题目】生活中的负数（六年级下册）

【设计意图】通过游戏，进一步巩固正负数的知识，让学生体会到数学知识带来的便利和乐趣，让学生体会数学知识在生活中的广泛应用。

【作业设计】和父母一起做"石头、剪刀、布"的游戏。（记分规则：赢了记+1分，输了记-1分，平局记0分。最后游戏的成绩也用正负数表示）

【作业题目】负数的产生、发展史（六年级下册）

【设计意图】通过搜集资料，使学生知道负数产生、发展的历史，进一步丰富学生对负数的认识。通过对中国古代在负数发展史上的作用的了解，激发学生的民族自豪感。

【作业设计】搜集有关介绍负数产生、发展的资料。

【作业题目】小调查（六年级下册）

【设计意图】通过让学生调查最新的利率，让学生知道利率是在动态调整的，每次调整背后一定存在国家经济状况和政策的变化。

【作业设计】了解银行最近的利率情况，记录在表4-1-3中，与课本11页的利率表进行对比，了解国家利率调整的原因。

表4-1-3　利率情况记录表

种类	活期存款利率	定期存款（整存整取）					
期限		3个月	半年	1年	2年	3年	5年
年利率%							

【作业题目】合理购物（六年级下册）

【设计意图】通过不同优惠方式的对比，培养学生分析问题和解决问题的能力，使学生感受百分数在生活中的应用。

【作业设计】某品牌的毛呢大衣搞活动，东方超市打六折销售，百姓超市满100元减50元，妈妈要买一件标价1298元的大衣，应该选择哪个超市更省钱？

【作业题目】合理购物（六年级下册）

【设计意图】了解合理购物的意义，能做出购物方案，并对方案的合理性做出充分的解释。结合具体事例，让学生经历综合运用所学的百分数知识解决合理购物问题的过程。

【作业设计】网上某品牌的旅游鞋搞促销活动，A网店按"每满100元减40元"的方式销售，B网店打六折销售。如果妈妈准备给你买一双标价120元的这种品牌的旅游鞋，与妈妈商量商量，看看选择哪个网店更省钱。

【作业题目】确定比例尺（六年级下册）

【设计意图】通过操作，使学生体会比例尺的实际意义，了解比例尺的含义，让学生体验数学与生活的联系。

【作业设计】在父母的协助下，测量家中房间的长和宽，结合实际，与父母共同讨论，确定比例尺，算出实际距离，并画出平面图。

【作业题目】找一找（六年级下册）

【设计意图】通过找一找生活中成正比例关系的量或反比例关系的量，使学生加深对正反比例关系的理解。

【作业设计】找一找生活中成正比例关系或反比例关系的量。

【作业题目】测一测、算一算（六年级下册）

【设计意图】通过操作，使学生进一步体会数学知识在生活中的应用，提高学生用正比例解决问题的能力。

【作业设计】利用竹竿、米尺设计一个方案，利用影长算出学校旗杆的高度。

【作业题目】量一量、算一算（六年级下册）

【设计意图】让学生在综合运用知识（比例尺、位置与方向以及速度、时间、路程）解决实际问题的过程中提高能力。

【作业设计】自己找一幅中国地图，这幅地图的比例尺是1：（　　　　）。量出地图上漠河县与三沙市之间的直线距离大约是（　　　）厘米，这两个城市之间的实际距离大约是（　　　）千米。小东的爷爷家是武汉、三亚、西安、拉萨这几个城市中的一个，它在北京的南边，成都的东边，昆明的东北，爷爷家住在（　　　）市。

（参与：张玉庆、左振民、许洪峰、孙洪娥、范雪丽、王洪真、张照现。）

第二节 图形与几何

【作业题目】位置（一年级上册）

【设计意图】通过活动使学生进一步巩固"上下""前后""左右"的基本含义，感受它们的相对性，并让学生用"上下""前后""左右"描述物体的相对位置。

【作业设计】课堂上分别让学生通过动手操作，演示并表述。例如：文具盒在课本的上面；课本在文具盒的下面；我在×××的前面，×××在我的后面；老师在讲桌的左面，老师的右面是讲桌；等等。

【作业题目】画一画、说一说（一年级上册）

【设计意图】锻炼学生在平面图上辨认"上下""前后""左右"的位置关系。

【作业设计】让学生自行设计一幅图画，或者找出自己家的全家福照片，说出相关的位置。

【作业题目】认识图形——动手搭出你喜欢的东西（一年级上册）

【设计意图】让学生参与摸一摸、滚一滚、堆一堆、说一说活动，在合作交流中体会平面与曲面的区别。这样的活动有助于学生初步认识长方体、正方体、圆柱和球的一些特征。

【作业设计】让学生在课前准备相关物体，结合教具分组进行活动，并完整准确地进行表述、交流。

【作业题目】小小建筑师（一年级上册）

【设计意图】让学生经历解决问题的过程，进一步加深学生对长方体、正方体、圆锥等立体图形特征的认识，并在解决问题的过程中，有目的、有计划地培养学生的审题能力，使学生初步获得分析问题、思考问题、解决问题的基本方法。

【作业设计】让学生以小组为单位准备积木，观察这些积木有什么特点。思考：怎样摆放能搭得又高又稳？分组动手搭。让学生思考为什么球很难放稳，怎样搭才能把球放稳。讨论：3个长方体搭成一个基座，再放球就可以了。谁搭得高？怎样比？

【作业题目】神奇的七巧板（一年级下册）

【设计意图】通过七巧板的拼摆活动，丰富学生对边、角、平行及垂直等相关内容的认识，积累数学活动的经验，初步建立空间观念。让学生意识到七巧板是我国人民的伟大发明，从而激发学生的民族自豪感，激发学生的创新欲望。

【作业设计】让学生用手中的七个基本图形拼出几何中的基本图形，如正方形、长方形、三角形等。在熟悉七巧板基本图形之后进行拼图游戏。

【作业题目】剪一剪、拼一拼（一年级下册）

【设计意图】进一步加深学生对长方形特征的认识，同时渗透"轴对称"的知识。

【作业设计】让学生在一张长方形纸上画一画、剪一剪，把长方形纸剪成大小相等的两块。

【作业题目】分一分（一年级下册）

【设计意图】使学生认识到分类标准一致，分类的结果就一致，不同分类标准，分类结果不一样。

【作业设计】根据我们学习的分类与整理的知识，你能把全班同学分为几类？

【作业题目】分一分（一年级下册）

【设计意图】能根据自己选定的标准进行分类，体验分类结果在单一标准下的一致性和不同标准下的多样性。

【作业设计】家长给孩子准备一些积木或者物品，让孩子根据自己选定的标准进行分类，将分类结果记录下来（表4-2-1）。

表4-2-1　分类结果记录表

物品				
数量				

【作业题目】找角（二年级上册）

【设计意图】结合实际及操作活动，使学生初步认识角，并画出角。

【作业设计】说出生活中哪些物体的表面上有角。

【作业题目】折角（二年级上册）

【设计意图】初步认识直角、锐角和钝角，并通过折角培养学生动手操作的能力。

【作业设计】用纸折出三种角：锐角、直角、钝角。

【作业题目】观察物体（二年级上册）

【设计意图】从不同位置观察一个简单的物体形状。通过观察操作，掌握物体的全面性。

【作业设计】观察自己喜欢的玩具，并说一说它的前后左右是什么样子。

【作业题目】观察物体（二年级上册）

【设计意图】能从不同位置辨认简单物体的形状及简单的几何形状，发展学生的空间观念和推理能力。

【作业设计】选择3个相同的正方体（颜色不同）摆一摆，进行观察，并画出来。

【作业题目】测量身高（二年级上册）

【设计意图】通过测量，知道1米的长度，锻炼学生动手操作的能力，达到手脑并用的效果。

【作业设计】用米尺测量一家人的身高（表4-2-2）。

表4-2-2　测量表

家人	身高/厘米
爷爷	
奶奶	
爸爸	
妈妈	
……	

【作业题目】量一量（二年级上册）

【设计意图】初步认识长度单位，体会统一长度单位的必要性，培养学生估量物体长度的意识。

【作业设计】先估一估，再用尺子测量。

手掌宽约（　　　）厘米；

一拃长约（　　　）厘米；

一步长约（　　　）厘米；

数学课本长约（　　　）厘米，宽约（　　　）厘米。

【作业题目】寻找身体上的数学"秘密"（二年级上册）

【设计意图】通过动手实践操作掌握长度单位，并能够运用所学知识解决生活中的数学问题，激发学生的学习兴趣。

【作业设计】我和妈妈（爸爸）互相量一量，完成表4-2-3。

表4-2-3　测量表

（单位：厘米）

我和妈妈（爸爸）互相量一量		
测量项	我	妈妈（爸爸）
一拃长		
脚长		
脖子一周的长度		
腰一周的长度		
双臂平伸的长度		
身高		

温馨提示：选择合适的测量工具；从0刻度开始测量；姿势要正确。

通过测量，你发现了哪些有趣的"秘密"？

【作业题目】小巧手（二年级下册）

【设计意图】掌握轴对称的特点，培养学生动手操作的能力。

【作业设计】把一张纸对折，画一画，剪一剪，剪出轴对称图形（至少2个）。

【作业题目】剪一剪（二年级下册）

【设计意图】将剪小人的经验进行迁移，提高学生的学习兴趣。

【作业设计】利用所学知识（剪手拉手的小人）剪出轴对称与平移的图形。

【作业题目】小小计量员（三年级上册）

【设计意图】进一步建立长度观念，提高学生的动手操作能力和解决问题的能力；培养学生的观察想象能力、合理推理能力、实际测量与估测能力。

【作业设计】选择家里几种物体来测量，分别测量它们的长和宽（取整厘米或分米、米），估计它们的质量分别是多少，如茶几、毛巾、小床、汽车等。

【作业题目】体验1千米有多长（三年级上册）

【设计意图】充分利用生活情境，帮助学生感受1千米有多远。

【作业设计】和老师到学校操场走1千米的路程，体验1千米有多长。注意要用自己平时的步幅和速度走，并记录所用的时间和步数。

【作业题目】画一画（三年级上册）

【设计意图】进一步体会分米、厘米、毫米之间的关系，提高学生的动手操作能力。

【作业设计】画一条长64毫米的线段，画一条比5厘米少5毫米的线段，画一条比1分米多2厘米的线段。

【作业题目】量一量、估一估（三年级上册）

【设计意图】利用生活情境，帮助学生感受所学的长度单位有多长。

【作业设计】找一些你身边的物体，先估一估它们的长度、厚度，再用尺子测量。估计从你家到哪里有1千米，想办法验证自己的估测。

【作业题目】量一量、填一填（三年级上册）

【设计意图】拓展学生对周长意义的理解，激发学生的学习热情。

【作业设计】量一量、填一填，完成表4-2-4。

表4-2-4 作业设计表

（单位：厘米）

姓名	
头围	
胸围	
腰围	
臀围	

【作业题目】摆一摆（三年级上册）

【设计意图】巩固学生对周长意义的理解，激发学生的学习兴趣。

【作业设计】用16根同样长的小棒摆出一个长方形，能摆出几种（表4-2-5）？

表4-2-5 作业设计表

长有几根小棒				
宽有几根小棒				

【作业题目】画一画（三年级上册）

【设计意图】通过操作活动，让学生感受数学与生活的联系，发展学生的空间想象能力。

【作业设计】学校准备建一个周长24米的花坛，你能帮学校规划一下不同的花坛吗？

【作业题目】体会1平方米有多大（三年级下册）

【设计意图】增强学生对1平方米的感性认识。

【作业设计】在自己家的院子里画出1平方米的空地，再试一试这1平方米的正方形内能站下多少大人，多少个同学。

【作业题目】面积（三年级下册）

【设计意图】结合生活实物使学生初步感受面积，让学生经历用小正方形做单位度量面积的过程，培养学生初步的度量意识。通过动手操作，让学生感受面积的存在。面积有大有小，让学生区分面积和周长，为学习新知识做基础。

【作业设计】找出山东地图，在上面找一找临沂市和日照市，并用一张白纸把两个城市临摹下来，在描它们一周的时候用红色彩笔，里面的"面"涂上黄色。比一比，临沂市和日照市谁的"面"大？

用A4纸和尺子制作一个边长是1厘米的小正方形和边长是1分米的大正方形，并在这两个正方形的表面涂上你喜欢的颜色，然后量一量，大正方形的"面"里包含多少个小正方形。

【作业题目】测量本班教室黑板的长和宽，并计算面积和周长（三年级下册）

【设计意图】通过实际测量与计算，发展学生的实际测量能力，培养学生的估测意识与能力。

【作业设计】先估计黑板的面积，再测量它的长和宽，并计算面积和周长。

【作业题目】量一量、剪一剪、算一算（三年级下册）

【设计意图】提高学生解决实际问题的能力，让学生知道常见物品面积的计算方法。

【作业设计】先测量长方形A4纸的长和宽，计算它的面积。如果从这张纸上剪下一个最大的正方形，这个正方形的面积是多少？剩下图形的面积是多少？

【作业题目】折一折、算一算（三年级下册）

【设计意图】通过计算不同图形的周长和面积，使学生体会所拼图形不同，周长不同，但面积是相同的。

【作业设计】有两个一样大小的长方形，长都是6厘米，宽都是3厘米。

拼成一个正方形，它的周长是多少？

拼成一个长方形，它的周长是多少？

拼成两个圆形，面积相等吗？是多少？

【作业题目】画出自己卧室的示意图（三年级下册）

【设计意图】借助熟悉的场景，帮助学生辨认方向，有利于学生方向感的形成。

【作业设计】先对自己的卧室进行描述，再画出简单的示意图。

【作业题目】我是小导游（三年级下册）

【设计意图】让学生会看简单的路线图（八个方向），并能描述行走路线。让学生体会东北、东南、西北、西南四个方向，培养学生的观察能力、表达能力和空间观念。让学生在绘图以及指出简单路线的过程中感受数学与现实生活的密切联系，体会学习数学的价值，以及培养学生学以致用的意识。

【作业设计】找一张大点的纸，在爸爸妈妈的帮助下，把你们村（或镇）的平面图画下来。①标出自己家的位置，并说一说你们家的八个方向都是哪里。②把爸爸妈妈当来你们村（或镇）旅游的旅客，你来当小导游，旅客到了村口（或镇口），要去小卖部（或者大队部……），但不知道具体位置，小导游要告诉他们位置，指出行走的方向及路线。

【作业题目】画出自己学校的示意图（三年级下册）

【设计意图】借助熟悉的场景，帮助学生辨认方向，有利于学生方位感的形成。

【作业设计】先对学校的建筑进行描述，再画出简单的校园示意图。

【作业题目】土地面积法定单位及其大致使用场合（四年级上册）

【设计意图】让学生进一步了解土地面积法定单位及其大致使用场合。

【作业设计】关于土地面积的法定计量单位已由1990年12月28日由农业部、国家土地管理局和国家技术监督局联合发布的文件（该文件经国务院批准）公布，从1992年1月1日起实施。请同学们调查了解一下，做一份土地面积法定单位及其大致使用场合的统计表。

【作业题目】小小设计师（四年级上册）

【设计意图】使学生形成1公顷的表象。

【作业设计】已知：边长100米的正方形，它的面积是1公顷。你能设计一个面积是1公顷的其他图形吗？试试看吧。要求：画出示意图，并标上相关数据。

【作业题目】测一测，估一估（四年级上册）

【设计意图】通过动手操作感知平方米的大小，用估计的方法来体会公顷和平方千米的大小。

【作业设计】借助工具，如皮尺、米尺、直尺、绳子等，和父母合作量一量客厅、卧室或院子的长和宽，然后算出它的面积，最后再估一估大约多少个这样的面积等于1公顷、1平方千米。

【作业题目】量角（四年级上册）

【设计意图】让学生量出所画角的度数，掌握量角的方法。

【作业设计】学生自己随意画出3个角，并量出所画角的度数。

【作业题目】用三角尺画角（四年级上册）

【设计意图】加深学生对三角尺的认识，拓展学生的思维。

【作业设计】你能用三角尺画出下面的角吗？

15°　　75°　　105°　　120°　　150°　　165°

【作业题目】说理分析（四年级上册）

【设计意图】加深学生对锐角、直角、钝角的认识。

【作业设计】两个锐角可以拼成一个什么角？请举例说明。

【作业题目】折角（四年级上册）

【设计意图】通过操作活动，让学生认识一些特殊度数的角，加深学生对长方形特征的认识。

【作业设计】你能用一张长方形纸折出下面度数的角吗？

45°　90°　135°

【作业题目】画一画（四年级上册）

【设计意图】加深学生对垂线画法的理解，掌握给定长方形、正方形的画法。

【作业设计】画一个长6厘米，宽4厘米的长方形。

画一个边长是5厘米的正方形。

【作业题目】剪一剪（四年级上册）

【设计意图】让学生进一步认识平行四边形和梯形的特征。

【作业设计】在平行四边形纸上剪一刀，使剪下的两个图形都是梯形。在梯形纸上剪一刀，剪下的图形中有一个是平行四边形，另一个可能是什么图形？

【作业题目】用七巧板拼一拼（四年级上册）

【设计意图】加深学生对图形间的关系及图形特征的认识，培养学生的空间想象力。

【作业设计】用其中的两块拼一个梯形，用其中的三块拼一个平行四边形，用其中的四块拼一个等腰梯形，还可以拼一个你喜欢的图形。

【作业题目】数一数（四年级上册）

【设计意图】加深学生对所学图形的认识，培养学生的观察能力和有序思考的能力。

【作业设计】在图4-2-1中找出平行四边形和梯形。每种图形各有几个？

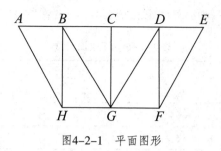

图4-2-1　平面图形

【作业题目】互换角色——摆一摆、画一画（四年级下册）

【设计意图】通过动手操作，发展学生的空间观念及观察能力，激发学生的学习兴趣。

【作业设计】用小正方体（没有的可以用萝卜或土豆切）摆出一个立体图形，学生分别画出从正面、左面、上面看到的平面图形；由家长画出不同的从正面、左面或上面看到的图形，学生摆出相应的立体图形。

【作业题目】剪一剪（四年级下册）

【设计意图】加深学生对特殊三角形的认识，培养学生的动手操作能力和空间观念。

【作业设计】用一张长方形纸剪一个等腰三角形。你能剪出一个等腰直角三角形吗？

【作业题目】摆一摆（四年级下册）

【设计意图】让学生通过摆一摆，进一步理解三角形的特点，培养学生动手操作的能力和探究意识。

【作业设计】和父母一起来准备4组不同长度的木条或纸条。（单位：厘米）

（1）6，7，8　　　（2）4，5，9

（3）3，6，9　　　（4）8，11，11

用每组木条或纸条摆三角形，看看你发现了什么。

【作业题目】找规律（四年级下册）

【设计意图】培养学生的推理概括能力。

【作业设计】画一画、算一算，填表4-2-6，你发现了什么？

表4-2-6　作业设计表

图形	△	◇	⬠	⬡	……
边数	3	4			……
内角和	180°	180°×（　　）			……

【作业题目】三角形的稳定性（四年级下册）

【设计意图】进一步了解三角形的稳定性，培养学生运用所学知识解决实际问题的能力。

【作业设计】用一根钢条将一扇打开的玻璃窗支起来，这样风就不易吹动窗户。这是利用了什么原理？

【作业题目】猜一猜（四年级下册）

【设计意图】进一步了解三角形按角分类有锐角三角形、直角三角形、钝角三角形三类，培养学生分析问题、解决问题的能力。

【作业设计】同学之间相互画一个三角形，挡住一部分，只露出一个角。猜一猜可能是什么三角形，并说明理由。

【作业题目】我是小小设计师（四年级下册）

【设计意图】加深学生对图形平移、旋转和轴对称图形特征的理解，感受图形的美。在操作中培养学生的空间想象力。

【作业设计】你能用你喜欢的图形，通过平移、旋转或者做轴对称来设计一副精美的画吗？

【作业题目】剪一剪（四年级下册）

【设计意图】加深学生对轴对称图形的理解，培养学生的动手操作能力。

【作业设计】像下面这样图4-2-2把一张纸连续对折三次，剪出来的是什么图案？想一想、剪一剪。

图4-2-2　作业剪纸图1

怎样剪出下面几种图案（图4-2-3）？

图4-2-3　作业剪纸图2

【作业题目】剪一剪（四年级下册）

【设计意图】加深学生对轴对称图形的理解，培养学生的动手操作能力和空间想象力。

【作业设计】把一张纸连续对折四次，画一画、剪一剪，剪出的小纸人是什么样的？先想一想，再做一做、比一比。

【作业题目】轴对称（四年级下册）

【设计意图】通过折一折、画一画，进一步了解轴对称，培养学生的动手操作能力和探究意识。

【作业设计】和父母分别制作一个长方形、正方形、等边三角形，先折一折，再画出它们的对称轴，看看能画几条？

【作业题目】数对（五年级上册）

【设计意图】能结合具体情境用数对表示位置，让学生在根据数对特点想象图形特征、利用数对特点发现规律的过程中，培养仔细审题、认真分析的好习惯。

【作业设计】让学生用数对写出自己所在班级的座次，并让学生相互说出三组数对，在方格纸上画出来，并体现平移的过程，说一说绘制的过程。

【作业题目】走迷宫（五年级上册）

【设计意图】把学生所学数对知识和故事结合起来，增强趣味性，提高学生学习数学的兴趣。

【作业设计】喜羊羊在草原上玩，天黑迷路了。喜羊羊现在的位置是（0，0）。羊村的位置是（6，7），灰太狼经常活动的位置是（6，1）（5，5）（2，4），你能帮它绕过灰太狼找到回家的路线吗？试着绘图，并在图中标出路线，说说你是怎样绘制的。

【作业题目】三角形的面积（五年级上册）

【设计意图】使学生经历三角形面积计算公式的探索过程，并理解公式。

【作业设计】动手拼一拼：用两个同样的三角形拼一拼，能拼出什么图形？找出所拼图形与原来的三角形有什么关系？（列出按角分类的三角形，写出我的发现）

【作业题目】多边形面积（五年级上册）

【设计意图】让学生感知图形在周长一定的情况下其面积的变化，培养学生的探索和思维能力。

【作业设计】和父母一起找出周长是16厘米的长方形的长和宽有几种情况，周长是16厘米正方形的边长是几厘米。分别计算出这些长方形和正方形的面积，你发现了什么？想一想，为什么呢？

【作业题目】观察物体（五年级下册）

【设计意图】让学生经历观察、操作、想象、猜测、分析和推理的过程，积累活动经验，提高学生的空间想象力和推理能力，发展空间观念。

【作业设计】学生间用小正方体摆出一组立体图形，同学分别画出从正面、上面、侧面看到的平面图形。学生间画一组平面图形，同学还原立体图形（多做几组）。

【作业题目】长方体和正方体（五年级下册）

【设计意图】通过观察、操作，认识长方体和正方体的特征以及它们的展开图，让学生在实际操作观察中理解，从而锻炼学生的抽象思维。

【作业设计】①动动脑筋，从家里找些制作材料，动手制作一个长方体框架，并记录下应该注意的问题和制作过程中的发现。记得把长方体框架拍个照片分享一下！②向爸爸妈妈介绍一下自己制作长方体框架的步骤方法，并分享一下在制作过程中的发现。

小提示：①长方体各部分的名称；②长方体有几个面？每个面是什么形状的？哪些面是完全相同的？③长方体有几条棱？哪些棱长度相等？④长方体有几个顶点？⑤什么叫作长方体的长、宽、高？

【作业题目】不规则物体的体积（五年级下册）

【设计意图】进一步理解体积的含义，借助操作理解不规则物体的体积的求解方法。

【作业设计】请找一个不规则的物体，想一想它的体积该怎么求。将你的实验过程和想法写一写。你对《曹冲称象》《乌鸦喝水》这两则故事是怎样理解的？

【作业题目】长方体的认识（五年级下册）

【设计意图】进一步巩固对长方体的认识，培养分析数据和空间想象的能力。

【作业设计】同学之间相互给出一组数据（长方体的长、宽、高），想象并描述是一个怎样的长方体，猜一猜可能是生活中的什么物体。

【作业题目】图形的运动（五年级下册）

【设计意图】进一步认识图形的旋转，初步探索图形旋转的特征和性质，发展学生的概括能力和空间能力。

【作业设计】动手制作一个风车，观察风车的转动，再观察钟表指针的转动，它们的转动有什么共同点？这种现象是数学中的什么运动呢？别忘了，让父母给你和风车作品拍个照发给老师。找一找生活中还有哪些地方也有这种运动。这种运动有几种情况呢？上面的问题有答案了吗？和父母交流探讨记录在作业纸上吧。

【作业题目】图形的运动（五年级下册）

【设计意图】体会数学与生活的联系，感受数学之美。

【作业设计】艺术家们利用几何学中的平移、对称和旋转设计出了许多美丽的图案，你也试着设计一幅吧。

【作业题目】画一画、说一说（六年级上册）

【设计意图】让学生根据方向和距离在示意图中确定位置，感受根据距离和方向确定位置的价值。

【作业设计】了解家到学校的距离以及家与学校的大致方向，设计一条从家到学校的路线。画出路线并进行描述。

【作业题目】画一画（六年级上册）

【设计意图】学生在了解国旗台、教学楼和图书室的大致位置的基础上，能用示意图表示出来，感受数学与生活的联系。

【作业设计】以学校大门为观测点，画出国旗台、教学楼、图书室的大致位置。

【作业题目】量一量、说一说（六年级上册）

【设计意图】使学生感受位置的相对性，让学生应用知识解决实际问题。

【作业设计】找一幅中国地图，量一量、说一说，北京在济南的（　　　）偏（　　　）（　　　）方向，济南在北京的（　　　）偏（　　　）（　　　）方向上。

【作业题目】设计图案（六年级上册）

【设计意图】使学生进一步熟练用圆规画圆的技能，进一步加深学生对圆的特征的认识，培养学生的动手操作能力，使学生学会欣赏数学的美。

【作业设计】利用圆规和三角尺设计美丽的图案。

【作业题目】解决实际问题（六年级上册）

【设计意图】通过测量、计算面积，培养学生的动手能力，帮助学生形成用数学的眼光观察生活的习惯。

【作业设计】找一找生活中圆环形的物体，测量出所需要的数据，再算出它们的面积。

【作业题目】生活中的圆形（六年级上册）

【设计意图】让学生了解生活和大自然中存在的"数学智慧"，深入了解圆的特点。

【作业设计】如果你仔细观察就会发现，我们周围很多东西的平面轮廓都是圆形的，如车轮、马路上大多数的井盖……这是为什么呢？

【作业题目】圆的探秘（六年级上册）

【设计意图】掌握圆的基本特性，动手操作，经历探究圆面积推导的过程。通过复习圆的相关知识，让学生充分体验数学知识之间的联系。

【作业设计】今天你们要与爸爸妈妈进行一场才艺大比拼！第一关：举例说明生活中有关圆的事例。第二关：看谁能用不同的方法画出更多的圆。第三关：推导圆面积。同学们一定还知道很多有关圆的奥秘，今天就让我们一起进入圆的世界吧！

【作业题目】制作厨师帽（六年级下册）

【设计意图】让学生在制作圆柱体厨师帽的过程中巩固对圆柱体表面积的认识，培养学生的动手能力。

【作业设计】用硬纸卡和剪刀等工具制作一个圆柱体厨师帽。

【作业题目】制作圆柱和圆锥（六年级下册）

【设计意图】通过制作，使学生进一步理解圆柱和圆锥的特征、表面积和侧面积的计算方法以及等底等高的圆柱和圆锥的体积间的关系，培养学生的动手操作能力和探究意识，发展学生的空间观念。

【作业设计】用家中的废旧挂历等材料，与父母一起制作等底等高的圆柱和圆锥各一个，并用所制成的圆柱和圆锥验证等底等高的圆柱的体积是圆锥体积的3倍这一关系是否成立。

【作业题目】帮农民伯伯算一算（六年级下册）

【设计意图】让学生运用所学知识来解决生活中简单的实际问题，在解决问题的过程中巩固知识、开启心智、训练思维、发展能力，感受生活中处处有数学。

【作业设计】一位农民伯伯有一张长方形的席子，长4米，宽2米。准备把它卷成一个圆柱体放稻谷（接头处不算）。要使它放的稻谷最多，请你为他设计一个方案。①底面周长为（　　　　），高为（　　　　）（取整厘米数）；②求它的容积；③从中你发现了什么？

【作业题目】测一测（六年级下册）

【设计意图】使学生通过实践操作，掌握问题解决的策略，体会转化的思想，让学生感受数学在实际生活中的应用。

【作业设计】找一个矿泉水瓶，利用圆柱体积的计算方法，设计方案，测量数据，计算出瓶子的容积。

【作业题目】算一算（六年级下册）

【设计意图】使学生进一步掌握测量圆锥高的方法和应用圆锥的体积公式解决实际问题，培养学生的动手能力。

【作业设计】找一个圆锥形容器或圆锥形物体，想办法计算出它的容积或体积。

【作业题目】解决问题（六年级下册）

【设计意图】使学生熟练地应用圆柱的有关知识解决问题，培养学生的应用意识。

【作业设计】爷爷要做4个圆柱形的灯笼，底面直径是24厘米，高是30厘米。在灯笼的下面和侧面糊上彩纸，至少用多少平方厘米的彩纸？

（参与：刘致国、李富明、刘长军、袁英烈、杜艳、贺春桂、王圣军、刘延杰。）

第三节 统计与概率

【作业题目】整理自己的书包（一年级下册）

【设计意图】在具体的活动中体验分类标准的多样性，并能根据不同的分类标准，掌握不同的分类方法。学会有条理地整理物品。

【作业设计】让学生拿出自己的书包，动手实践，看谁能用最短的时间把自己的书包整理好。整理书包的方法有：所有的书放在一起，所有的本子放在一起，分两大类；分学科分放；按大小形状分类；等等。

【作业题目】调查员（二年级下册）

【设计意图】调查学生体重的相关数据，培养学生收集信息的能力，让学生积累基本生活经验。

【作业设计】调查本小组同学的体重，并记录在表4-3-1中。

表4-3-1 调查表

姓名							
体重/千克							

【作业题目】小小调查员（二年级下册）

【设计意图】经历数据收集、整理、描述和分析的过程，了解统计的意义。根据统计表进行简单的分析。

【作业设计】调查本班同学最喜欢看的电视节目，然后分类制作统计表，并对数据进行分析。

【作业题目】小小调查员（二年级下册）

【设计意图】进一步体验如何收集信息，并把收集的信息制成统计表，在收集、整理、分析的过程中学会交流。

【作业设计】调查全班同学最喜欢吃的水果，用符号进行标注统计，并根据统计情况，结合班级开联欢会的需要，确定购买水果的种类。

【作业题目】调查本班同学喜欢的体育运动（三年级下册）

【设计意图】经历统计的全过程，增强统计的意识和能力，感受数学与生活的关系。

【作业设计】调查本班同学喜欢体育运动的男、女生人数，制作一个简单的统计表，并根据统计表提出一些问题，和同学交流一下。

【作业题目】家务统计（三年级下册）

【设计意图】经历统计的全过程，增强统计的意识和能力，感受数学与生活的紧密联系。学会感恩。

【作业设计】调查爸爸、妈妈每天工作和做家务的时间，在班内交流，填写统计表4-3-2。

表4-3-2　统计表

项目	6小时以下	6～8小时	8～10小时	10小时以上
爸爸				
妈妈				

看到这个统计结果，你有什么感受？

【作业题目】小调查（四年级上册）

【设计意图】让学生调查喜欢的球类项目，激发学生学习的兴趣，培养学生的合作意识。

【作业设计】你喜欢的球类项目是什么？对全班同学进行一次调查，完成统计表4-3-3，并绘制条形统计图（四年级____班同学最喜欢的球类项目统计图）。

表4-3-3 统计表

项目	羽毛球	乒乓球	篮球	足球	其他
人数					

【作业题目】统计图（四年级上册）

【设计意图】让学生会画简单的条形统计图，并能根据统计图分析问题、解决问题。

【作业设计】某实验小学学生双休日活动时间调查结果见表4-3-4

表4-3-4 调查结果表

类别	平均每个学生所用时间/分
做作业	60
阅读	50
看电视	180
锻炼身体	74
参加兴趣班	85

制作该实验小学学生双休日活动时间统计图（条形统计图）。从统计图上你能获得哪些信息？面对这些信息，你想说什么？

【作业题目】关注睡眠（四年级上册）

【设计意图】让学生学会初步的调查和统计，培养学生的调查分析能力。

【作业设计】和父母一起用自己喜欢的方式（可以在本班微信群中调查，也可以用问卷的方式做一个调查）调查本班同学的睡眠时间（小学生的睡眠时间每天应不少于10小时）。同学们的睡眠时间够吗？你有什么建议？

【作业题目】小调查（四年级下册）

【设计意图】培养学生调查、统计问题的能力，培养学生分析、解决问题的能力。

【作业设计】调查你家最近3个月的电话费、电费的支出情况，完成下面的统计表（表4-3-5）。

表4-3-5　统计表

（单位：元）

月份	电话费	电费	合计
总计			

说说你们在数据的整理和计算过程中有哪些体会。

【作业题目】复式统计图（四年级下册）

【设计意图】会求平均数，会制作复式条形统计图，培养学生的统计能力。

【作业设计】搜集本班同学体检时的身高数据，分别计算出男、女生的平均身高，做成统计表。根据统计表中的数据制成复式条形统计图。

【作业题目】过河（四年级下册）

【设计意图】加深学生对平均数的理解，培养学生的安全意识。

【作业设计】小河的平均水深是1米20厘米，方方的身高是1米35厘米，方方能安全地蹚过河吗？为什么？

【作业题目】可能性（五年级上册）

【设计意图】能用"一定""可能""不可能"描述事件发生的确定性和不确定性，并能列出简单实验所发生的结果，运用可能性的大小设计游戏。

【作业设计】设计一个游戏，使赢的可能性是四分之一，并用"一定""可能""不可能"描述游戏发生的确定性和不确定性。用"一定""可能""不可能"三个词写一段完整的有情节的故事。

【作业题目】可能性（五年级上册）

【设计意图】通过实验，让学生经历统计、观察、分析、归纳总结的过程，培养学生的探究能力。

【作业设计】请你用2个骰子掷20次或更多次，记录每次掷出的数字

"和"，你发现哪个"和"出现的次数最多？你能找到原因吗？

【作业题目】可能性（五年级上册）

【设计意图】结合实际情境，培养学生提出问题、分析问题和解决问题的能力。通过活动，让学生积累数学活动经验，感受成功的喜悦，提高学习数学的兴趣。

【作业设计】制作骰子：自己动脑筋，用家里的材料（橡皮泥、胡萝卜、泥土、面块等）制作一个骰子。猜想结果：和父母一起玩"掷骰子"的游戏，每人掷一次，会得到两个数。想一想，这两个数的"和"可能有哪些？不可能是哪些？哪些"和"出现的可能性大？哪些"和"出现的可能性小？请先把你的猜想在作业纸上写下来。一起游戏：和父母一起掷骰子，并列表记录每次的结果，验证自己的猜想。

【作业题目】折线统计图（五年级下册）

【设计意图】初步了解单式折线统计图及其特点，体会数学与生活的联系，提高学习数学的兴趣。

【作业设计】我们已经认识了条形统计图，知道条形统计图能直观地表示数据的多少。还有一种折线统计图，你了解吗？大胆猜想一下你印象中的折线统计图是什么样子的？有想法了吗？赶快和父母查阅资料验证你的想法吧。然后用折线统计图表示最近5天的天气情况（注意：要用铅笔绘制），观察自己画的折线统计图，你发现它有什么特点呢，写在统计图下面吧！

【作业题目】单式折线统计图（五年级下册）

【设计意图】通过对折线统计图的绘制、分析来掌握学生一天的活动轨迹，培养学生绘图、读图以及分析的能力，让学生学会自我评价和自我反思一天的活动。

【作业设计】记录自己周六在家从早起到晚睡每个时段的主要活动，绘制成折线统计图。根据绘制的折线统计图评价和反思自己一天的活动情况，请家长提出合理化的建议，并写一写自己以后的时间安排。

【作业题目】复式折线统计图（五年级下册）

【设计意图】进一步理解复式折线统计图，培养学生的读图分析能力。

【作业设计】请同学们根据《龟兔赛跑》的故事情节，用复式折线统计图表示乌龟和兔子所行路程的情况。

【作业题目】生活中的统计图（六年级上册）

【设计意图】复习扇形统计图、条形统计图、折线统计图三者之间的联系和区别；会结合生活实例选用不同的统计图。

【作业设计】亲爱的同学们，我们已经结交了统计图家族中的三个好朋友，你能很快说出它们的名字吗？能向大家介绍一下它们之间的联系和区别吗？让我们从生活中选取数据，制作一个适合的统计图吧！

（参与：张玉璞、宋洪波、韩建兴、邹永菊、薛花喜、张兴云、张玲、朱洪福。）

第四节　综合与实践

【作业题目】数学乐园（一年级上册）

【设计意图】通过经历下棋游戏活动的全过程，使学生初步感受做事情遵守规则的重要性，并让学生运用数学知识解决生活中常见的问题，感受数学与生活的联系。

【作业设计】课本中的数学乐园，按①②③…⑦的顺序走，谁先走到终点谁获胜。

【作业题目】购物数学故事（一年级下册）

【设计意图】使学生体验数学与生活的密切联系，使学生体会数学来源于生活，生活中处处有数学。

【作业设计】让学生用所学的数学知识以讲故事的形式描述一次购物经历。

【作业题目】坐一坐（二年级上册）

【设计意图】让学生初步培养观察分析的能力，让学生感受数学与生活的联系。

【作业设计】爸爸、妈妈、自己坐成一排，有多少种坐法？写出来或者画出来。

【作业题目】我会找（二年级上册）

【设计意图】让学生初步感受排列与组合的思想方法及其在日常生活中的运用，感受数学与生活的联系。

【作业设计】用1角、5角、1元的硬币可以组成多少种不同的币值？动手摆一摆，再写下来。

【作业题目】排列数和组合数（二年级上册）

【设计意图】让学生找出最简单的排列数和组合数，培养学生观察、分析及推理的能力。

【作业设计】从1～9这9个数字中选择你喜欢的3个数字，把你喜欢的这3个数字制作成卡片。请用这3张数字卡片组成两位数，每个两位数的十位数和个位数不能一样，能组成几个两位数？（请你摆一摆）

【作业题目】我能行（二年级下册）

【设计意图】通过观察、推理获得一些简单的推理经验，让学生有条理地阐述自己推理的过程，培养学生的表达能力。

【作业设计】在表4-4-1的方格中，每行每列都有1～4这4个数字，并且每个数字在每行每列都只出现一次。B应该是几？把表格填写完整。

表4-4-1　作业设计表

3	2		
A		B	
		3	
1			

【作业题目】生活中小法官（二年级下册）

【设计意图】通过日常生活中最简单的事例，让学生经历推理的过程，理解推理的含义。在解决问题的过程中，培养学生有顺序、全面思考问题的能力。

【作业设计】有语文、数学和音乐三本书，你、爸爸、妈妈各拿一本书。你拿的是语文书，爸爸说他拿的不是数学书，请问爸爸和妈妈分别拿的是什么书？可以画表格、连线试一试！

【作业题目】小小设计师（二年级下册）

【设计意图】通过让学生动手剪一剪、拼一拼、贴一贴，设计一个自己喜欢的图案，培养学生动手操作的能力。

【作业设计】剪下课本第123页中的图形，拼贴自己喜欢的图案。

【作业题目】全家总动员：信息收集（三年级上册）

【设计意图】寻找生活中有关时间的素材，在实践活动中充分体会时、分、秒的实际意义，培养学生珍惜时间的良好品质；进一步让学生了解数学在现实生活中的应用，增强学生学习数学的兴趣和信心。

【作业设计】

时间论坛：与爸爸妈妈一起讲一讲与时间有关的知识。

全家总动员：找一个带有计秒功能的表（手机有计秒功能也可以），根据表格中的要求，全家一起行动起来，完成下面的活动，并记录下来（表4-4-2）！

表4-4-2　记录表

家庭成员	1分钟跳绳跳了多少下？	1分钟心脏跳动多少次？	脉搏跳动10下用了几秒？	洗一双袜子用了几分钟？
爸爸				
妈妈				
我				
……				

【作业题目】数字编码（三年级上册）

【设计意图】学会用数字进行编码，解决生活中简单的问题。

【作业设计】完成表4-4-3。

表4-4-3　三年级（4）班学号登记表

姓名	年级	班	性别	入学年份	班级排序	生成学号
李　硕	三	4	女	2013	04	20130304041
周家兴	三	4	男	2013	05	20130304052
李　旗	三	4	男	2013	06	20130304062
……						

【作业题目】编码（三年级上册）

【设计意图】学会编码，培养学生的实践能力。

【作业设计】到学校的图书馆实地调查，初步了解图书的编号方法，试着为自己的藏书设计一个编号方案。

【作业题目】小小设计师（三年级上册）

【设计意图】通过操作设计活动，进一步认识分数，理解"平均分几份"和"分成几份"的不同。

【作业设计】设计一张以认识分数为主题的数学手抄报。

【作业题目】集合（三年级上册）

【设计意图】能用集合知识分析生活中简单的有重复部分的问题，感受数学与生活的联系，提高学习数学的兴趣。

【作业设计】两个爸爸和两个儿子去照相，可是照片上只有3个人，这是为什么呢？和爸爸妈妈讨论讨论吧！

【作业题目】集合（三年级上册）

【设计意图】借助直观图解决集合问题。

【作业设计】把2张长度都是10厘米的彩纸重叠粘贴在一起（图4-4-1），重叠部分长多少厘米？如果3张彩纸同样重叠，重叠后的彩纸一共长多少厘米？动手试试吧！

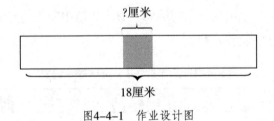

图4-4-1　作业设计图

【作业题目】搭配（三年级下册）

【设计意图】让学生在解决实际问题的过程中掌握搭配的方法，让学生体会数学与生活的密切联系。

【作业设计】夏天来了，把家里适合夏天穿的衣服整理出来。如果一件上衣配一件下装，一共有多少种不同的穿法呢？和妈妈一起试试吧！

【作业题目】1亿有多大？（四年级上册）

【设计意图】让学生经历猜想、实验、推理和对照的过程，感受1亿的大小，发展数感。让学生领悟研究数学问题的一般过程和方法。

【作业设计】想象1亿有多大，小组共同来设计一个研究方案，组内交流，进行实验探究，感受1亿有多大！

【作业题目】优化：帮妈妈合理安排时间（四年级上册）

【设计意图】使学生学会合理安排时间，提高办事效率，培养学生寻找解决问题的最优方案的意识，感受数学与实际生活的联系。

【作业设计】和妈妈谈一谈，问问妈妈明天上午要干什么，分别大约需要多长时间，然后帮妈妈合理安排一下。另外你有什么心里话想和妈妈说？把它写下来吧！

【作业题目】数学游戏（四年级上册）

【设计意图】培养学生综合运用知识的能力。

【作业设计】两人轮流报数，每次只能报1或2，把两人报的所有数加起来，谁报数后和是10，谁就获胜。如果让你先报数，为了确保获胜，你第一次应该报几？接下来应该怎么报？

【作业题目】拍球比赛（四年级上册）

【设计意图】让学生通过对比、推理等活动感悟运筹思想、体验策略的重要性。

【作业设计】拍球比赛成绩对比表见表4-4-4。

表4-4-4　拍球比赛成绩对比表

第一队 最好成绩（下/分）	陆莎	徐磊	李超男	葛利达
	230	180	210	205
第二队最好成绩 （下/分）	陈锋	李文龙	袁茂飞	李俊达
	220	190	165	210

四局三胜：如果比赛中每个人都能正常发挥，第二队有可能获胜吗？你认为该怎样对阵？（可以用线连一连对阵情况）

五局三胜：如果每队再增加一人，其中第一队增加赵娟（172下/分），第二队增加张志飞（152下/分）。第二队怎样对阵才有可能获胜呢？

【作业题目】购物（四年级下册）

【设计意图】让学生感受数学与生活的密切联系，体会数学在生活中的作用，增强应用数学的意识，增强计算能力。

【作业设计】周末与家长一同到超市购物，记录下你所买商品的价格，算一算一共花了多少钱。如果让你来付款，你知道应付多少钱，该找回多少钱吗？以日记的形式呈现。

【作业题目】算一算（四年级下册）

【设计意图】掌握求平均数的方法，并能解决实际问题。

【作业设计】向爸爸妈妈了解你家最近4个月的收入或消费情况（如水费、电费、手机通话费或家庭消费支出等），你能算出它们的平均数吗？赶快试一试并和爸爸妈妈交流一下吧！

【作业题目】百僧百馍（四年级下册）

【设计意图】增加解决问题的趣味性，拓宽学生的视野。

【作业设计】一百馒头一百僧，大僧三个更无争，小僧三人分一个，大小和尚得几丁？即100个和尚吃100个馒头。大和尚1人吃3个，小和尚3人吃一个。求大小和尚各有多少人？

【作业题目】鸡兔同笼（四年级下册）

【设计意图】深化学生对"假设法"的认识，丰富解题策略。

【作业设计】你以前听说过"鸡兔同笼"问题吗？你会解答这个问题吗？你想知道《孙子算经》中是如何解答这个问题的吗？走进《孙子算经》，一探究竟吧！

【作业题目】植树问题（五年级上册）

【设计意图】让学生在解决实际问题的过程中探索规律，考查学生对植树问题数学模型的体会和理解。

【作业设计】和父母讲一讲植树问题的三种情况吧！从生活中找一找植树问题的应用（路灯问题、锯木问题、楼层问题），写下来并解答。

【作业题目】找次品（五年级下册）

【设计意图】初步学习找次品的方法，体会解决问题策略的多样性。让学生体会数学在生活中的广泛应用，培养学生的应用意识。

【作业设计】有3瓶口香糖，其中一瓶少了5片，你有办法把它找出来吗？请把找的过程用流程图表达出来。

【作业题目】确定起跑线（六年级上册）

【设计意图】让学生掌握确定起跑线的方法，提高学生解决问题的能力。

【作业设计】现有一运动场地，两条跑道的内径分别是72.6米和85.96米，每条跑道的宽度是1.25米，小组合作计算出每一道的长度，确定出200米、400米的起跑线。

【作业题目】数与形（六年级上册）

【设计意图】通过复习数形结合思想，运用数形结合思想，发现规律，使某些抽象的数学问题直观化、生动化，变抽象思维为形象思维，解决实际问题。

【作业设计】我国著名数学家华罗庚曾说过："数形结合百般好，隔裂分家万事非。""数"与"形"反映了事物两个方面的属性。请同学们把你对"数"与"形"的想法跟爸爸妈妈描绘出来吧！

【作业题目】合理利用网络（六年级上册）

【设计意图】让学生经历收集数据、解决问题的过程，让学生学会综合运用各种信息，养成合理利用网络的好习惯。

【作业设计】调查本班学生一周内的上网情况，统计上网人数制成合适的统计图。交流如何合理利用网络。

【作业题目】节约用水（六年级上册）

【设计意图】会运用数学知识计算浪费水的总量，树立"保护水资源，节约用水"的意识，会运用统计图解决实际问题。

【作业设计】调查周围是否有浪费水的现象：以小组为单位，测量不同水龙头在一定时间内的漏水量，并制作出条形统计图。收集资料，交流怎样才能做到节约用水。

【作业题目】小猫钓鱼——解决问题（六年级下册）

【设计意图】利用抽屉原理的知识解决问题，培养学生数学阅读的能力。

【作业设计】小花猫钓到了鲤鱼、草鱼、鲫鱼三种鱼共12条，放在桶里提回家。路上遇见了小白猫，小花猫问小白猫："你最爱吃什么鱼？"小白猫说："我最爱吃的是鲤鱼。"小花猫说："好，你只要从我的桶里随便拿出3条鱼来，就一定会有你最爱吃的鲤鱼。""不过你得先告诉我，一共钓了几条鲤鱼？"小白猫说了一个数，并从桶里拿出3条鱼，果然有鲤鱼，小花猫把1条鲤鱼送给了小白猫。那么，小花猫到底钓到了几条鲤鱼呢？

【作业题目】用"鸽巢问题"解决实际问题（六年级下册）

【设计意图】通过调查统计数据，利用"鸽巢问题"解决问题，感受数学与生活的联系。

【作业设计】调查本班或本年级的学生人数，想一想有多少人在同一个月里出生。

【作业题目】抢椅子（六年级下册）

【设计意图】让学生经历鸽巢原理的探究过程，会用鸽巢原理解决简单的实际问题。通过对鸽巢原理的灵活运用，使学生经历将具体问题数学化的过程，培养学生的建模思想。

【作业设计】与家人一起玩抢椅子游戏：4个人抢坐3把椅子，总会出现什么结果？与家人玩玩看，你有什么发现？

【作业题目】设计图案（六年级下册）

【设计意图】通过图案设计，使学生掌握平移、旋转等方法，培养学生的创新能力。

【作业设计】利用圆规和三角尺等工具，通过平移、旋转等方法，设计一组美丽的图案。

【作业题目】确定路线图（六年级下册）

【设计意图】通过操作，使学生熟练应用比例尺，以及根据方向和距离确定位置的方法。

【作业设计】画出从家到学校的路线示意图，并进行描述。请注明方向和主要参照物。

【作业题目】调查统计近视情况（六年级下册）

【设计意图】让学生自主设计调查表，并利用合理的统计图表进行相关的分析。

【作业设计】设计一份调查表，调查全班同学的近视情况，调查导致近视的主要因素有哪些，整理并分析数据，提出保护视力的合理建议。

【作业题目】绿色出行（六年级下册）

【设计意图】培养学生搜集信息、分析信息和处理信息的能力。

【作业设计】调查本班学生及家长的交通出行方式，计算绿色出行所占的百分比，你有什么好的建议？

【作业题目】杠杆原理的应用（六年级下册）

【设计意图】让学生进一步感受杠杆原理在生活中的应用，增强学生应用数学的意识。

【作业设计】举出生活中应用杠杆原理的例子。

【作业题目】测量大树的高度（六年级下册）

【设计意图】通过活动，使学生更透彻地理解"在同一时间内物体实际长度与其影子的长度的比值是一定的"，培养学生动手实践及操作的能力，进一步提高学生解决实际问题的能力。

【作业设计】利用学过的比的知识，与家长一起想办法测量家中大树的高度。（提示：家长和学生准备好竹竿和卷尺，到阳光下进行作业）

（参与：刘钦虎、徐超、王仕清、陈太平、孙树美、祝进芹、刘现龙、赵燕、孟祥君。）

结　语

成尚荣曾在《重新认识作业的性质与功能》中指出："数学作业及其改革是一个复杂的系统，涉及的方面、触及的深层因素过多。在这一体系中，最为重要的是两个：一个是应试教育的问题未能从根本上得到解决，理念未能真正转变，其主要表现是不断地通过加大数学作业量来提高所谓的教学质量；另一个则是对数学作业的性质与功能没有深入的理解和准确的把握，因而，数学作业改革只是在外围打转，在平面上徘徊。"

成尚荣先生把这种本源性的问题称之为"第一问题"。他强调，如果"第一问题"不解决，数学作业改革只能在技术上翻来覆去，成为一个永远争论不完而又无效果可言的过程。为此，他指出，"改革应试教育体制是一个长期而艰巨的任务"，暂且可以不去讨论。"可以讨论，而且可以逐步解决的倒是数学作业的性质与功能问题，尽管这一问题也相当复杂"。

基于以上认识，针对目前小学数学作业负担过重、缺乏新意、创新性和思辨性不强，数学核心素养得不到提高等问题，我们在实践研究中发现并总结出1个核心概念、1个内容框架、5个探索维度、4个实施策略、12个设计原则、11个类型范式、6个年级四大领域的数学生本作业案例。

"1个核心概念"就是生本作业。生本是指以学生为主人，为学生好学而设计。生本作业是为学生好学而设计的作业，也是以生命为本的作业教学设计，它不仅是一种方式，更是一种理念。通俗地说，生本作业就是学生在老师的组织引导下进行的自主作业学习。生本作业的教学不是本本的，也不是师本的，更不同于短期的作业教学行为，不是应付考试的作业，而是注重学生发展的作业教学行为。

"1个内容框架"就是根据各个单元的过程性目标，结合生本作业类型范式和学生的心理特点，建立整个小学段数学生本作业的内容框架。

"5个探索维度"就是指从理念、内容、策略、方式、评价五个方面对小学数学生本作业进行探索。

"4个实施策略"就是小学数学生本作业的控制策略、指导策略、批改策略、讲评策略。

"12个设计原则"就是差异性原则、核心性原则、品质性原则、适度性原则、体验性原则等。

"11个类型范式"就是将作业涉及的分析、表述、操作、观察、经验、总结等思维形式或方法进行整合重构，总结出常规性作业、实践性作业两大类型。其中实践性作业分为语言表述型、推理应用型、问题解决型、文化探索型、评价反思型、单元主题型、分层体验型、周期综合型等类型。

"6个年级的数学生本作业案例"是结合大量文献研究，依据数学生本作业的特点，结合每个单元的内容，围绕数与代数、图形与几何、统计与概率、综合与实践四大领域，开发设计了12册数学生本作业案例，实用且便于借鉴。

综上所述，本成果既可为小学数学作业教学改革提供建设性意见，还可为其他学科作业设计与研究提供可借鉴的类型范式和经验，其有着极其重要的实践意义与应用价值。目前，该成果得到了专家、高校教授的肯定，得到了人大复印期刊等权威杂志媒介的推广，得到了学生、家长、社会的高度认可。

由于时间精力和研究水平的限制，本书亦有一些不足，有待今后进一步努力解决：第一，对于小学数学生本作业体系构建研究挖掘深度不够，生本作业的解读还不是很到位；第二，研究过程中教师对数学生本作业的个案研究跟不上，有些内容由于缺少探究性等特点，设计生本作业时很难找到案例；第三，生本作业作为一种教育理念，还需要从理论上进一步提炼；第四，对生本作业的跟踪评价不是很到位，教师懒于跟进评价。

今后，将继续开展小学数学生本作业的实践研究。在未来的研究中，我们将进一步阅读与小学数学作业相关的一些文献资料，关注数学生本作业的方方面面，如生本作业设计能力的考评、生本作业设计技巧的培训、家长意识引领等，进一步充实实证材料的积累与分析，提高研究能力。

通过上述研究，我们课题组也获得了很多启示。

（1）在教学实践中提出数学"生本作业"的概念，构建小学数学生本作业体系，树立"大数学作业"观，将数学生本作业融入数学课堂教学，让学生的学习真实发生。

（2）小学数学生本作业作为教学管理的一个突破口，要求数学教师做到用心设计，站在学生的角度来看待生本作业的设计，在培养学生数学核心素养的目标下设计。

（3）小学数学生本作业在课堂教学中要重视培养学生的主体意识和合作意识，培养学生自我反思和探究的能力。

（4）小学数学生本作业必须面向生活实践，面向真实的教育现场，贴近生活实际，与生活密切联系，让学生在真实的生活情境中获得真实的数学思考和体验，用数学思维去解决问题，用数学的眼光去观察事物，用数学思辨去分析生活中遇到的问题，并转化为自己的数学素养。

（5）小学数学生本作业最终目的是提高学生学习数学的兴趣，培养学生数学思辨的能力，让学生感悟数学文化，提高数学核心素养。因此，小学数学生本作业必须以学生为本，让学生的数学思想在实践中、探索中生成，让学生在数学文化的熏陶下成长。

（6）小学数学生本作业的设计要符合学生成长和发展的规律，必须与学生的年龄特点、知识水平、兴趣爱好相符，适合学生"口味"，设计一些数学创意课程；同时，还要符合小学数学作业自身的规律。

（7）关于小学数学生本作业体系构建的实践研究，需要一定行政化的支持和推行。在老师、学生和家长就生本作业观念取得一致的基础上，可以采取干预措施。也就说需要跟进对生本作业实施的评价，并将其纳入教师量化考核。

附　录

暑假数学生本作业设计实例与学生优秀作业展示

一、暑假数学生本作业设计实例

暑假数学生本作业助学套餐

同学们：

仲夏已至，夏木成荫。暑假是学习生活的拓展和延续，为了让同学们在暑假中有更多的收获，这里设计了适合一至六年级学生的数学生本作业助学套餐。这些助学作业套餐与暑假生活联系紧密，且多姿多彩。下面是设计的一些助学套餐，请结合自己的情况，自由选择3类套餐，赶紧行动吧！

一年级

套餐1：合作探究，分层拓展。

生活大本营：①制作一张暑假时间作息表，设计要合理，有可行性，美观，可进行装饰。记得一定要按作息时间表来执行！②按照自己喜欢的分类标准，动手整理自己的房间，整理后画在纸上。③在生活中找规律，并记录下来。

套餐2：动手操作，想象创作。

创意大比拼：①用各种生活物品搭出你喜欢的作品，试着画在纸上，并做简单介绍。②用七巧板拼图，设计图案，看谁设计得又多又精美。

套餐3：亲子生活，技能体验。

（1）生活中的数学：跟随家长去购物，把你发现的数学信息记录下来。根据数学信息提出问题并解答。

（2）我是节俭小能手：利用整个假期时间记录自己零用钱的使用状况，完成记录表后，说说自己的感想。

套餐4：文化积累，阅读写作。

阅读1~2本数学故事书、数学童话书或者趣味数学书，开学后交流。

二年级

套餐1：复习梳理，构建网络。

请根据自己的实际情况，对本学期已学的知识进行自主梳理，形成知识网络，并绘制思维导图。

套餐2：合作探究，分层拓展。

（1）小调查：观察今年暑假的天气情况，记录每天的天气状况，制作一张天气统计图和统计表。

（2）数学游戏：和父母、同学一起玩一个数学游戏。学着写出游戏的规则，记录游戏的情况和游戏时的心情。

套餐3：动手操作，想象创作。

（1）我们经常在桌布、墙纸等生活物品上见到一些组合有规律的图案，利用轴对称、平移、旋转等制作拼剪出一些美丽的图形，感受图形的运动。

（2）制作2份图文并茂的数学手抄报或者数学剪贴报。内容可以是数学故事、数学家的故事、数学趣题、数学知识介绍、数学谜语、数学名言、数学歌谣，也可以是假期里自己的体验、感受和收获等。

套餐4：亲子生活，技能体验。

（1）参加一次家庭大购物，让爸爸妈妈协助你，由你来选择、购买、付款，体验一下如何合理使用人民币。要将购物清单制成表格，列出物品名称、物品价格、总价……

（2）和爸爸妈妈一起做"侦探"，找出生活中有关简单推理的事情，并尝试记录下来。

套餐5：文化积累，阅读写作。

（1）收集趣味数学题或一些自己喜欢的数学家的故事。

（2）阅读数学童话故事、趣味数学等方面的课外书籍。希望你的数学书籍阅读体会不只是给大家介绍一些有趣的故事，还要告诉大家明白了什么道理。开学后带来展示给大家，给你的小伙伴讲一讲你的读书感受。

三年级

套餐1：复习梳理，构建网络。

请根据自己的实际情况，对本学期已学的知识进行自主梳理，形成知识网络，并绘制思维导图。

套餐2：合作探究，分层拓展。

（1）小调查：自主设计一次数学小调查，如购物、统计、测量、小生意等。

（2）制作一个日历表，对暑假中难忘的日子进行标记，并记录下你的感受。

套餐3：动手操作，想象创作。

（1）请选择家里的房间或物品，分别测量它们的长和宽等数据，并计算出它们的周长与面积分别是多少。（以统计表的形式呈现）

（2）根据自己所在的村庄或社区，绘制一个平面图，标注主要建筑物和自家的位置，注明方向。

（3）制作4张图文并茂的数学手抄报或者数学剪贴报。内容可以是数学故事、数学家的故事、数学趣题、数学知识介绍、数学谜语、数学名言、数学歌谣、数学幽默，还可以结合假期自己的体验、感受和收获等。

套餐4：亲子生活，技能体验。

（1）把自己的衣服找出来，找一个晴天，自己学着洗一洗。晾晒后，尝试搭配各种穿法，记录下来。学会节约，体会劳动的辛苦与快乐。

（2）和家人一起上网去搜索、浏览一下著名城市的地图、著名景点的平面图，用你所学的方向词来描述游览路线，并用你的画笔画出来。

套餐5：文化积累，阅读写作。

（1）收集趣味数学题或自己喜欢的数学家的故事。

（2）阅读有关数学家、数学童话故事、趣味数学等方面的课外书籍，写出2篇阅读体会。希望你的数学书籍阅读体会不只是给大家介绍一些有趣的故事，还要告诉大家明白了什么道理。开学后带来展示给大家，给你的小伙伴讲一讲你的读书感受。

四年级

套餐1：复习梳理，构建网络。

绘制思维导图：将四年级下册每一个单元梳理一个思维导图，包括总复习。

套餐2：合作探究，分层拓展。

（1）小调查：统计假期某周每天的最高气温，设计制作一个统计图，并回答下列问题：根据统计图你能得到什么数学信息？你能提出什么数学问题？怎样解答？写1篇有关暑期天气的小论文或者调查报告。

（2）可能性：与父母或者同学一起抛硬币100次，并用表格的形式记录出现正面、反面的次数。

套餐3：动手操作，想象创作。

（1）分别画一个平行四边形、梯形、三角形，想办法求出它们的面积。

（2）每2周制作1份图文并茂的数学手抄报或者数学剪贴报，内容可以是数学故事、数学家的故事、数学趣题、数学谜语、数学名言、数学歌谣，也可以结合自己的体验、感受和收获等。

套餐4：亲子生活，技能体验。

（1）记录家中一个月的水、电、煤气、电话等费用，制作统计表或统计图。根据实际情况进行分析，并向家长提出合理支出的建议。写一篇调查报告。

（2）与爸爸或者妈妈一起做午餐。设计一个表格，调查了解每种菜中热量、脂肪和蛋白质的含量。根据营养和个人喜好，设计每天午餐方案，并与父母尝试做2种不同的菜肴进行搭配。写一篇小论文或炒菜感受。

（3）与父母一起制定旅游行程，计算路程，估计时间，选择交通工具，记录行程中采购的预算和支出情况，记录行程中的感受。

套餐5：文化积累，阅读写作。

（1）（2）同三年级套餐5。（选择数学课外书时应选择相应年级的）

（3）结合假期里的实践、体验、感受和收获，写4篇数学日记。

五年级

套餐1：复习梳理，构建网络。

绘制思维导图：将五年级下册每一个单元梳理一个思维导图，包括总复习。

套餐2：合作探究，分层拓展。

（1）收集日常生活中出现的分数和百分数。人们通常在哪些情况下使用百分数？什么时候使用分数？（以数学日记的形式做好记录）

（2）了解降雨量的相关知识，并对一个月内的降雨量进行统计和分析。写一篇调查报告。

（3）试着测量身边圆形物体的周长，方法不限。

（4）结合找次品在生活中的应用，写一篇调查报告。

（5）和同学们一起调查周围是否有浪费水的现象，请设法测量一定时间浪费水的量。

套餐3：动手操作，想象创作。

（1）利用旋转、平移、对称设计一幅美丽的图案，图案要隐含旋转、平移、对称三种现象。

（2）每2周制作1份图文并茂的数学手抄报或者数学剪贴报，内容可以是数学故事、数学家的故事、数学趣题、数学谜语、数学名言、数学歌谣，也可以是自己的体验、感受和收获等。

套餐4：亲子生活，技能体验。

（1）记录家中一个月的水、电、煤气、电话等费用，制作统计表和折线统计图。根据实际情况进行分析，并向家长提出合理支出的建议。写一篇小论文或者建议性调查报告。

（2）暑假期间，如果全家人大聚会，请根据家庭人数，尽快通知到每一个家庭成员。如果用打电话的方式，每分钟通知1人，请帮助长辈设计一个打电话的方案。写一份设计方案。

（3）与父母一起制定研学旅行的行程，预估费用、路程、时间，与父母一起选择交通工具。用思维导图的形式呈现整个研学旅行规划与行程安排等。与父母来一场亲子研学旅行，一定要记录下行程中的感受。写一篇游记，体现数学知识。

套餐5：文化积累，阅读写作。

（1）（2）（3）同四年级套餐5。（选择数学课外书时应选择相应年级的）

六年级

套餐1：复习梳理，构建网络。

绘制思维导图：六年级下册每一个单元梳理一个思维导图，包括总复习。

套餐2：合作探究，分层拓展。

（1）收集日常生活中出现的圆柱与圆锥，为什么使用？在什么情况下使用？（写一篇数学小论文或者数学调查报告）

（2）收集百分数在日常生活中的应用，分别以折扣、成数、税率和利息为主题写一篇小论文或者调查报告。

（3）试着用比例尺解决生活中的问题。（方法不限）

套餐3：动手操作，想象创作。

（1）确定合适的比例尺，绘制一张所在村庄或者社区的平面图。注意：要突出重点建筑及标识。

（2）每2周制作1张图文并茂的数学手抄报或者数学剪贴报，内容可以是数学故事、数学家的故事、数学趣题、数学知识介绍、数学谜语、数学名言、数学歌谣，也可以是假期里自己的体验、感受和收获等。

套餐4：亲子生活，技能体验。

（1）记录与父母一起购物时，商家的一些促销方式方法。根据实际情况进行分析，学会合理选择消费方式，并向家长提出合理支出的建议。写一篇关于合理消费的建议书，要做到有理有据。

（2）与父母一起围绕一个主题制定一份研学旅行规划，进行一次亲子研学旅行，记录行程中的感受。写一篇研学旅行中有关数学问题的小论文。

套餐5：文化积累，阅读写作。

（1）（2）（3）同五年级套餐5。（选择数学课外书时，应选择相应年级的）

当你遇到困难的时候，你的老师、你的同学、你的家长都愿意帮助你！相信你在新的学年一定会给大家带来惊喜！

一起玩转数学，数学好玩的作业就这些。祝大家拥有一个多彩的、愉快的假期！

数学生本作业见附表1。

附表1　数学生本作业评价表

自己的话	
父母的话	
老师的话	

另：关于暑假数学生本作业助学套餐的设计意图及说明。

（1）复习梳理，构建网络。设计意图及说明：引导学生对已学的知识进行自主梳理，形成知识网络，并收集自己不太理解的、掌握不够好的题目，制作成例题集，有利于今后有针对性地学习，有利于对学生进行学习方法的指导。

（2）合作探究，分层拓展。设计意图及说明：结合已学内容，找到本学期知识的延伸点。学生能够根据已有的知识进行一些探究性的研究，为新知学习积累一些经验。

（3）动手操作，想象创作。设计意图及说明：设计一些学生动手操作的题目，创作一些数学题材的作品。

（4）亲子生活，技能体验。设计意图及说明：根据学科特点、地域特点、环境条件以及学生的个性特点，需要家长积极参与、指导帮助孩子投入实践活动，增强活动的实效性。

（5）文化积累，阅读写作。设计意图及说明：选择适合学生年龄段的有关数学家、数学童话故事、趣味数学等方面的课外书籍。低年级学生学会用语言表述数学故事；中高年级学生写一些数学日记、读书笔记或观察日记等。

二、数学生本作业优秀作品展示

利用数学学科平台（周中亮工作室微信公众号sdzhouzhongliang），发挥新媒体的作用，开设数学实践性作业学生展示平台，设立学生假期数学刊物——《数学好玩——生本作业专刊》，展示宣传学生的作品。

栏目设置分《我爱数学》《心灵约吧》《日记采风》《奇思妙想》《思维导图》等。《我爱数学》栏目主要是写我与数学的情感，数学家给我的励志力量等。《心灵约吧》栏目主要写学生对于数学的困惑与解答。《日记采风》栏目主要写生活中的数学故事。《奇思妙想》栏目主要写一些数学中的新思路、新解法。《思维导图》栏目主要是学生自己绘制的数学思维导图等。

1.学生数学思维导图作品（附图1～附图6）

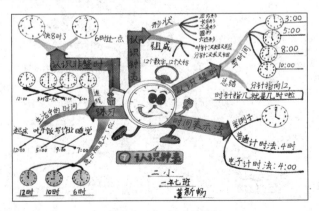

附图1 一（7）班董新畅

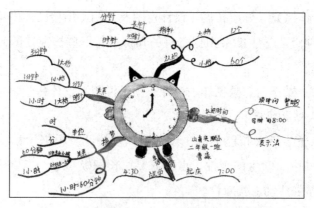

附图2　二（1）班曹淼

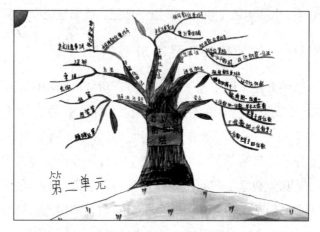

附图3　三（1）班肖诺

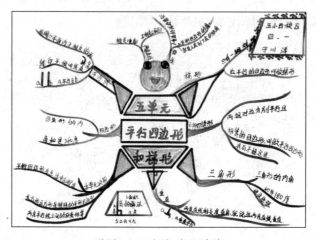

附图4　四（1）班于川洋

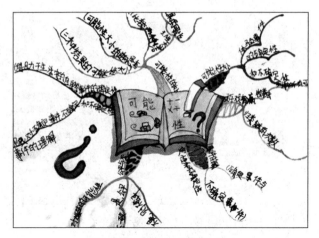

附图5 五（2）班刘芯羽

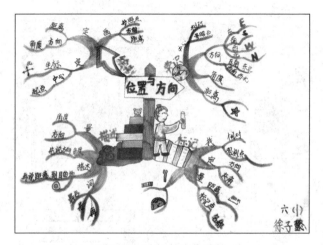

附图6 六（1）班徐子懿

2. 学生数学手抄报作品（附图7～附图10）

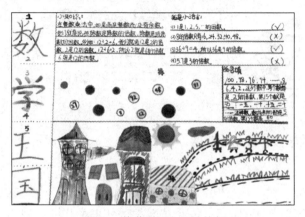

附图7 数学王国主题手抄报

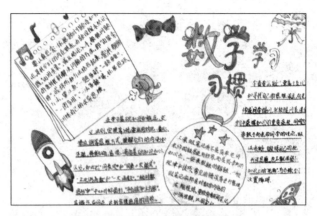

附图8　数学学习习惯主题手抄报

附图9　圆柱与圆锥主题手抄报

附图10　因数与倍数主题手抄报

3. 学生数学课外读物读后感

数学课外的乐趣

周老师给我们全班布置了一个读数学课外书的作业，我心里很纳闷儿，数学还有课外书？老师看出了我的心思，说："数学课外书就在我们的书包中，不信你们找一找。"

带着这个问题，我们全班同学都把书包拿了出来。经过仔细查找，结果还真找到了一本《数学课外读本》。其实这本书，新学期发书的第一天就发给我们了。我们都没有在意。

待全班同学找出来后，老师又说：希望你们用这一个假期的时间把这本课外书读一读，并写出读后感。话音刚落，我们全班同学鸦雀无声了，都开始读起来。

从这本书的目录来看，这本书里面有很多有趣的数学小故事、数学小笑话、数学小谜语、数学小游戏。我觉得很有意思。

假期中，我认真读了一遍。我从数学故事中学到了很多数学知识；我从对数学家的介绍中知道了数学严谨；我从数学小游戏中体会到了一份快乐。另外，里面的数学儿歌，读起来更是朗朗上口。这里面的一些数学难题也是很有趣的，与生活相关。

数学课外原来是另一番天地，里面有无穷的奥秘和乐趣！（杜中行）

4. 学生数学日记作品

数学日记：玩游戏

2017年1月18日　　星期三　　晴

今天，我一大早就起床了。吃完早饭，闲得无聊，妈妈见了，便走了过来，对我说："妈妈跟你玩个游戏吧！""好呀！"我非常爽快地答应了。

妈妈拿来一块圆形纸板，纸板中心用钉子固定了一根可以转动的指针。纸板被平均分成了24个格子，格子分别写着1～24的数。"妈妈，游戏规则是什么？你快说呀！"我心急地问。"游戏规则很简单，就是指针转到单数格或者双数格，都要加上下一个数。假如加起来是单数就是我赢，加起来是双数就是你赢。"妈妈笑着说。

我一听游戏规则这么简单，就和妈妈一连玩了十多次，可是每一次都赢不了妈妈，妈妈笑起来。"妈妈，为什么总是你赢呢？"我疑惑不解地问妈妈。

妈妈只是一个劲地笑着说："你自己动脑筋好好想一想！"

于是，我绞尽脑汁，在我的书房里想啊想。终于，让我想出来了。我经过计算发现：单数+双数=单数。这样一来，不管怎么转，无论转到单数格，还是双数格，一加起来都是单数。

　　找出规律后，我走出书房就和妈妈说："妈妈，你这个游戏存在着不合理的地方。"

　　"哪里不合理？"妈妈说。

　　我按照推算的过程把几种有可能出现的规律说给了妈妈听。

　　"你真聪明！"妈妈说，"做任何事情，都要动脑筋想一想，才不会上当！"

　　在数学的世界里，有着很多奇妙的规律。这需要我们学好数学、善用数学！数学无处不在！（王丽颖）

参 考 文 献

1. 连续出版物

［1］成尚荣.重新认识作业的性质与功能［J］.基础教育课程，2014，17（4）：4.

［2］周中亮.关于小学数学暑期作业有效性的思考与尝试［J］.沂蒙教育，2016（8）.

［3］周中亮.人文主义视野下小学数学生本作业有效性的实践研究［J］.教育博览，2016（5）.

［4］孙金霞，贾洲勋.新课标精神指导下分层作业的思考与实践（上）［J］.新课程学习（中），2014（5）.

［5］周中亮，刘兆红，杜艳.小学数学前置性生本作业设计的有效性研究［J］.新课程研究，2017（9）：11-12.

［6］谢晨，胡惠闵.学情分析中"学情"的理解［J］.全球教育展望，2015，44（2）：20-27.

［7］周中亮.关于小学数学生本作业原则设计的思考［J］.名师在线，2020（9）.

［8］薛金艳."复习铺垫"：浓妆淡抹总相宜［J］.江苏教育，2009（13）：36-37.

［9］王瑾，史宁中，史亮，等.中小学数学中的归纳推理：教育价值、教材设计与教学实施：数学教育热点问题系列访谈之六［J］.课程·教材·教法，2011，31（2）：58-63.

［10］周中亮.如何深入推进农村学校教学水平的均衡发展［J］.教书育人：校长参考，2016（3）.

［11］卞彩云."迁"出新知识"移"出大文章［J］.江苏教育，2018（9）：77-78.

［12］沈金明.联系·迁移·感知·操作：谈《圆锥的认识》教学设计
　　　［J］.福建教育学院学报，2015，16（5）：55-56.

［13］周中亮.让生命因三尺讲台而精彩［J］.沂蒙教育，2016（3）.

［14］王丽兵.以生为本循"序"而教："体积与容积"教学实践与反思
　　　［J］.小学数学教育，2016（Z1）：90-92，127.

［15］周中亮，张玉庆，孔庆航.关于小学数学生本作业有效性的思考与
　　　尝试［J］.中小学数学，2016（3）.

［16］黎慧.数学史料在小学数学教学中的应用［J］.江西教育，
　　　2017（24）：71.

［17］刘胜峰.小学数学教学中数学史料的应用策略［J］.江西教育，
　　　2015（Z2）：37-40.

［18］李遵刚.论诸葛亮木牛流马［J］.临沂大学学报，2016，38（1）：
　　　27-33.

［19］杨新鹏，董蓉艳.对中学数学教材中数学史的统计分析［J］.新课
　　　程研究（上旬刊），2016（6）：115-117.

［20］李明振，庞坤.数学史融入中学数学教材的原则方式与问题［J］.
　　　数学通报，2006（3）：23-25.

［21］王振辉，汪晓勤.数学史如何融入中学数学教材［J］.数学通报，
　　　2003（9）：18-21.

2.专著

［1］陈中杰.本色课堂　小学课堂教学策略研究［M］.济南：明天出版
　　社，2008.

［2］中华人民共和国教育部.义务教育数学课程标准（2011年版）
　　［M］.北京：北京师范大学出版社，2011.

［3］刘焕皋，陈世钧.小学数学认知程序教学模式［M］.济南：山东教
　　育出版社，1998.

［4］钟启泉，崔允漷，张华.基础教育课程改革纲要（试行）解读
　　［M］.上海：华东师范大学出版社，2001.

［5］郭思乐.教育走向生本［M］.北京：人民教育出版社，2012.

［6］［英国］凯伦·杜比.帮助孩子应对作业［M］.北京：中国人民大
　　学出版社，2015.

［7］戴安娜.那些考试，那些作业［M］.南京：江苏凤凰科学技术出版社，2016.

［8］任升录，黄根初，沈全红，等.数学作业设计与评价［M］.上海：华东师范大学出版社，2009.

［9］姚便芳.有效评价：作业设计与测试命题［M］.天津：天津教育出版社，2011.

［10］刘善娜.这样的数学作业有意思［M］.北京：教育科学出版社，2016.

［11］宋运来，徐友凤.中国作业的革命［M］.南京：南京大学出版社，2014.

［12］刘春生.让学生爱上作业［M］.北京：中国轻工业出版社，2014.

［13］王悦芬，张新宇.透析作业：基于30000份数据的研究［M］.上海：华东师范大学出版社，2014.

［14］魏红霞.趣味数学［M］.北京：北京教育出版社，2014.

［15］李锡琴.做作业其实很轻松［M］.北京：人民邮电出版社，2013.

［16］孙明霞.孙明霞的创意作业［M］.福州：福建教育出版社，2014.

［17］方臻，夏雪梅.基于学生心理机制的学习反馈：作业设计［M］.北京：教育科学出版社，2014.

［18］余祯.学生喜欢的作业［M］.桂林：广西师范大学出版社，2016.

［19］田万海.数学教育学［M］.杭州：浙江教育出版社，1993.

［20］朱祥慧，高明.教师专业成长的幸福路径探微［M］.北京：团结出版社，2016.

［21］麦田.魔法数学［M］.济南：山东教育出版社，2017.

［22］周中亮，张玉庆，张玉璞.为生命而喝彩：教育人生的信仰与情怀［M］.长春：东北师范大学出版社，2019.

［23］金岳霖.形式逻辑［M］.北京：人民出版社，2005.

［24］汪晓勤.HPM：数学史与数学教育［M］.北京：科学出版社，2017.

3. 学位论文

［1］李璐莹.小学数学家庭作业多元化评价方式的应用研究：以小学中高年级为例［D］.上海：上海师范大学，2017.

［2］姜璐.生本教育理念下小学高年级语文课外作业研究［D］.烟台：鲁东大学，2017.

［3］魏鸿雁.初中英语课外作业生本化研究［D］.济南：山东师范大学，2012.

［4］耿岁民.中学数学课堂教学学情分析的理论与实践研究［D］.西安：陕西师范大学，2011.

［5］李喜杰.关于小学数学迁移能力培养的实践与研究［D］.大连：辽宁师范大学，2010.

4. 报纸文章

［1］周中亮.成功申报省规划办课题，助推打造绿色教科研［N］.临沂日报，2016-01-07（第10659期，第A7版：教育）.

［2］钟启泉，成尚荣.暑期特刊作业主题之一：为什么要写作业［N］.中国教育报，2014-07-22（第3版）.

［3］王东，邵玩玩.暑期特刊作业主题之二：假期作业能否"变个脸"［N］.中国教育报，2014-07-23（第3版）.

［4］李志欣，赵桂霞，张丰.作业主题之四：让作业与学生成长更好融合［N］.中国教育报，2014-07-26（第3版）.

后 记

　　自1999年开始从事数学教学至今，我对数学作业的实践与探索一直没有间断。其间，也积累了一些自己的经验和想法。尤其近两年来，依托有关数学生本作业的课题，阅读了大量有关作业的著作和文章，自己对数学作业有效性这一问题也进行了深入的研究。我也越来越喜欢对作业这一问题进行思考。日常，甚至形成了一种习惯：一见到学生作业，就有分析和反思的欲望。

　　其实，教学研究就是这样。实践或研究越深入，就会觉得越有意思。这种研究认知上的趣味让我越发对研究本身产生了浓厚的兴趣。我想这也是生本作业的魅力所在。

　　前期，我把自己近五年来在《中小学数学》《教师博览》《新德育》《校长参考》等报刊媒体上发表的几十篇教育教学随笔共计30万字整理成了《为生命而喝彩——教育人生的信仰与情怀》一书出版，并获奖。我想这源于研究，源于积累。2020年2月，在之前实践、思考、研究的基础上，我大脑中又有把关于生本作业的一些想法呈现出来、说出来的"冲动"，并且这种想法越来越强烈。

　　2020年的春节极不寻常，突如其来的疫情打乱了我们原本平静的生活。学生居家学习成为一种"新方式"，教师每天直播网课也成为一种"新常态"。居家隔离、居家学习、居家直播、居家辅导等，一时成为无奈之举，也成为创新之举。对于每一个人来说，对居家隔离的日子，印象是深刻的。

　　疫情期间，我主持的山东省教育科学规划"疫情与教育"专项课题"重大疫情背景下小学在线项目学习的设计与实施研究"（课题批号：2020YZJ136）获批立项。这促使我更多地思考当前疫情与教育教学的问题。于是，我大胆地做了一次尝试，把生本作业与在线项目学习进行了融合。我发现平时设计的很多生本作业实例也适合居家学习，适合在线项目学习。经过工作室几位老师在疫情期间班内线上教学实验，得到了师生的认可，并迅速在全校、全县小学数学及其他学科推广，收到了良好效果。这更加证实了我的想法和观点。我想这源于生本作业的以生为本的设计，源于生本作业主题式学习的设计。这也证明了生本作业的提出是有生命力的，是经得起实践检验的。

于是，我利用陪护母亲的夜晚、直播课后时间写了这本书。其目的一是对前期数学生本作业的实践与思考进行梳理总结，二是对在线项目学习的设计与实施进行新的探索尝试，三是想通过这种形式呈现一个乡村教师做教科研课题的案例。一线教师对教科研课题可以说都有畏惧感、神秘感。其实教科研课题就在身边，就是自身教育教学过程的实践与思考。一线教师不像大学教授做课题，倾向于理论研究。我们一线教师更多地倾向于实践研究、案例研究。

做教科研这些年来，我最深的感受就是，在教育教学中要围绕一个主题或者一个方向坚持不懈地去思考，去研究，去积累，也就是努力让自己具有教科研的思维意识。这一点是很重要的。

有人说，做课题就是写写立项评审书、中期报告、研究报告之类的文稿。其实，这样认为是错误的。无论哪一级的规划课题，都是一种校本实践，都是一种基于自我认知和他人研究的实践与提升。课题研究不仅是一种任务驱动型的研究，还是一种规划性极强的研究。因为课题一旦获批立项，就有别于自身散漫、无序、随机的研究。同时，课题研究过程中，专家将会对课题研究方向、实施等提供针对性的指导。这是非常有益的。

例如，我主持或参与的课题就得到了我的导师团队和专家的精心指导。他们分别是北京师范大学教育学院教授、博士研究生导师、国家数学课程标准研制工作组核心成员张春莉，山东省教育科学研究院副院长、博士曾庆伟，教育部访问学者、山东省教育科学研究院博士薄存旭，山东省教育科学研究院教师发展研究中心主任、研究员、博士许爱红，山东省教育科学研究院基础教育研究所副所长徐云鸿，《齐鲁师范学院学报》主编、教授、山东省数学教育研究会副会长郑强，山东省特级教师、潍坊市高新区教育局副局长路吉民，山东省第二届齐鲁名师、聊城市茌平县教育局小学数学教研员、电教馆馆长何仲秋，教育部名师领航工程工作室主持人、全国小学数学学科以个人名字命名教学法的四位名师之一王冬梅，国家"万人计划"教学名师、首批齐鲁名师魏瑞霞，正高级教师、临沂市教科研中心科研科长丁敏，正高级教师、临沂市教科研中心小学科长于江美，山东省第三届齐鲁名师、全国优秀教师、山东省中小学名师领航工程名师工作室主持人、朴园小学教务处主任郑玲玲，沂南县教体局副局长张勇，沂南县教体局小学数学教研员、教师教育科长张玉庆，沂南县教体局教科室主任高明等。正是由于得到了导师、专家的指导，自己进行课题研究的能力才得以提高。

在此，特别感谢薄存旭教授在百忙之中为本书作序。我们是同龄人，我虽然没有做他的"亲学生"，但是每遇困惑必得其指导，这比做"亲学生"还要荣幸。人的成长源于良师指导，在人生路上遇到良师，那是幸运，是一生中最大的福分。何况人生路上幸遇大师们指导，足矣！感恩遇见，永怀感恩！

近年来，我很高兴成为我们县小学数学名师工作室核心成员，很荣幸成为我们县教科研核心团队成员，很庆幸成为郑玲玲齐鲁名师领航工作室成员。借本书出版之际，同时对给予我帮助和鼓励的各级领导、各位导师以及关心支持我的朋友一并表示最诚挚的感谢！正是你们的指导、鼓励才促使我成长，让我有了出此书的勇气。同时，感谢本书中引用文章的作者，正是基于你们的成果才有了我的实践与思考。

现在又是凌晨1点了，书稿终于完成了。心里感到一些放松，同时也感到了一些压力。由于水平有限，一些实践与尝试也许会出现这样或那样的疏漏，恳请读者见谅，并提出宝贵的建议和意见，以便我再做进一步的修正！

周中亮

2020年11月1日于泉乡铜井初稿

2020年12月26日于卧龙嘉园改定